石油天然气勘探与钻井
工程量清单计价规范研究

魏伶华 黄伟和 周建平 等编

石油工业出版社

内 容 提 要

本书分为七个部分：工程量清单计价模式概述、勘探与钻井工程量清单计价规范总则、物化探工程工程量清单计价规范、钻井系统工程工程量清单计价规范、勘探与钻井工程投标报价编制方法、勘探与钻井工程招标评标办法、商务部分主要合同条款，基本涵盖了石油天然气勘探与钻井工程量清单招标投标管理模式的主要内容。

本书适用于石油天然气勘探与钻井工程招标投标项目的管理人员参考。

图书在版编目（CIP）数据

石油天然气勘探与钻井工程量清单计价规范研究/魏伶华等编. —北京：石油工业出版社，2007.8
ISBN 978-7-5021-6219-1

Ⅰ. 石…
Ⅱ. 魏…
Ⅲ. ①油气勘探－工程造价－规范－研究
　　②油气钻井－工程造价－规范－研究
Ⅳ. F407.226.72

中国版本图书馆 CIP 数据核字（2007）第 121373 号

出版发行：石油工业出版社
　　　　　（北京安定门外安华里2区1号　100011）
　　　　　网　　址：www.petropub.com.cn
　　　　　发行部：（010）64210392
经　　销：全国新华书店
印　　刷：北京晨旭印刷厂

2007年8月第1版　2007年8月第1次印刷
787×1092毫米　开本：1/16　印张：7.5
字数：190千字　印数：1—3000册

定价：28.00元
（如出现印装质量问题，我社发行部负责调换）
版权所有，翻印必究

《石油天然气勘探与钻井工程量清单计价规范研究》
编 写 组

组　长：魏伶华

副组长：黄伟和

成　员：司　光　周建平　毛祖平　郭　正　李　臻

　　　　陈毓云　郭士让　马建新　郝明祥　孙晓军

　　　　吕雪晴　胡　勇　张纯福　邹永川　孙立国

　　　　王元成　张新兰　赵连起　种德俊　严学文

　　　　王　方　王　伟　梁　俊　金　丽　王丽艳

　　　　侯长江　周国伟　张永强

前 言

随着我国招标投标法的实施和加入WTO对建设工程领域市场化的推进，我国工程造价管理工作改革不断深入发展，工程造价管理体制正在以较快的速度向国际惯例靠拢。WTO成员国大多采用工程量清单报价的计价模式，这种模式的基础是工程量计算规则统一化，工程价格的确定市场化。推行工程量清单计价方法是工程造价计价方法改革的一项具体措施，也是我国加入WTO，与国际惯例接轨的必然要求。为此，适应社会主义市场经济发展的要求，我国工程造价管理体制改革的目标是：在统一工程量计量规则和消耗量定额的基础上，遵循价值规律，建立以市场形成价格为主的价格机制。建设部于2001年10月25日发布了《建筑工程施工发包与承包计价管理办法》，自2001年12月1日起实施，其中第八条规定"招标投标工程可以采用工程量清单方法编制招标标底和投标报价"。国家发布的《建设工程工程量清单计价规范》（GB 50500—2003）于2003年7月1日起实施，2005年又出版了《建设工程工程量清单计价规范》修订版。建设部领导指出：推行招投标建设工程量清单计价是当前及今后一段时间建设工程造价计价依据改革和规范建设市场承发包计价行为的一项重要工作。可见，推行工程量清单计价，是我国工程造价计价依据和计价方法改革的一项重要工作，是有利于整顿和规范建设市场秩序和公平、公开竞争的一项根本措施。

中国石油天然气股份有限公司石油工程造价管理中心廊坊分部从2001年开始关注工程量清单计价模式，于2003年形成了石油勘探与钻井工程量清单计价规则初稿，并广泛征求意见。中国石油天然气股份有限公司规划计划部赵丽静和李华启，勘探与生产分公司赵邦六、杨光胜、姚超、尤杰，石油工程造价管理中心李自林、肖圣竹、李保德等领导、专家及大庆油田有限责任公司价格定额中心、辽河油田分公司概预算与定额管理中心、新疆油田分公司工程造价预算部、华北油田分公司工程造价与定额管理部、大港油田分公司工程造价中心、西南油气田分公司工程项目造价管理部、长庆油田分公司工程造价管理部、青海油田分公司工程造价中心、吉林油田分公司规划计划处预算管理中心、塔里木油田分公司造价管理中心、冀东油田分公司工程造价咨询有限公司、吐哈油田分公司规划计划处投资科、玉门油田分公司财务处投资科提出了许多宝贵意见，在此一并表示衷心感谢。根据《建设工程工程量清单计价规范》（GB 50500—2003）及其2005年修订版，结合专家意见，我们进行了认真补充和完善，形成此书，希望能对推动石油勘探与钻井工程量清单计价模式的形成起到一定的促进作用。

本书分为七个部分，其内容分别是工程量清单计价模式概述、勘探与钻井工程量清单计价规范总则、物化探工程工程量清单计价规范、钻井系统工程工程量清单计价规范、勘探与钻井工程投标报价编制方法、勘探与钻井工程招标评标办法、商务部分主要合同条款，基本涵盖了石油天然气勘探与钻井工程量清单招标投标管理模式的主要内容。

石油勘探钻井工程造价管理工作起步较晚，与地面工程造价管理工作相比还有较大的差距，尤其是勘探钻井工程量清单计价处于研究和探讨阶段，本书的编写难免存在一些缺点和不足之处，恳请读者批评指正。

目　录

第一章　工程量清单计价模式概述 (1)
第一节　工程量清单计价方法基本概念 (1)
第二节　建设工程工程量清单计价规范 (1)
第三节　工程量清单招标 (3)
第四节　工程量清单计价对合同的影响 (5)
第五节　工程量清单计价模式的特点 (6)

第二章　勘探与钻井工程量清单计价规范总则 (9)
第一节　总则 (9)
第二节　术语解释 (9)
第三节　工程量清单编制 (10)
第四节　工程量清单计价 (11)

第三章　物化探工程工程量清单计价规范 (13)
第一节　一般规则 (13)
第二节　术语解释 (15)
第三节　工程量计算规则 (17)
第四节　工程量清单格式 (20)
第五节　工程量清单计价格式 (25)
第六节　地震勘探日工作量计算方法 (36)

第四章　钻井系统工程工程量清单计价规范 (44)
第一节　一般规则 (44)
第二节　术语解释 (45)
第三节　工程量计算规则 (47)
第四节　工程量清单格式 (56)
第五节　工程量清单计价格式 (63)

第五章　勘探与钻井工程投标报价编制方法 (95)
第一节　一般要求 (95)
第二节　报价编制 (95)
第三节　投标报价文件的组卷要求 (97)

第六章　勘探与钻井工程招标评标办法 (98)
第一节　招标要求 (98)
第二节　评标办法 (98)

附录　商务部分主要合同条款 (103)

参考文献 (111)

第一章 工程量清单计价模式概述

第一节 工程量清单计价方法基本概念

一、工程量清单计价方法

工程量清单计价方法是指在建设工程招标投标中，招标人按照统一的建设工程工程量清单计价规范的要求编制和提供工程量清单，投标人依据工程量清单、拟建工程的施工方案，结合自身实际情况并考虑风险后自主报价的工程造价计价模式。

工程量清单计价是市场形成工程造价的主要形式。这种方法是国际上普遍使用的通行做法，已经有近百年的历史，具有广泛的适应性，是科学、合理和实用的。实际上，国际上通行的工程合同文本、工程管理模式等与工程量清单计价模式也都是相配套的。

二、工程量清单

工程量清单又称工程量表，通常是按分部分项工程划分，它的划分单位与次序一般与所采用的技术规范、工程量计算规则相一致。工程量清单的粗细程度和准确程度主要取决于设计深度，也与合同形式有关。

第二节 建设工程工程量清单计价规范

一、建设工程工程量清单计价规范概况

为了指导工程量清单计价方法的全面实施，国家建设部和质量监督检验检疫总局联合发布了 GB 50500—2003《建设工程工程量清单计价规范》，于 2003 年 7 月 1 日起在全国范围内实施，2005 年又出版了《建设工程工程量清单计价规范》修订版。这套计价规范是统一工程量清单编制、规范工程量清单计价的国家标准，共包括 5 章 5 个附录。第 1 章总则，第 2 章术语，第 3 章工程量清单编制，第 4 章工程量清单计价，第 5 章工程量清单及其计价格式。附录分别为建筑工程、装饰装修工程、安装工程、市政工程和园林绿化工程的清单项目及计算规则，包括项目编码、项目名称、计量单位、工程量计算规则和工程内容，要求招标人在编制清单时必须执行。

规范的编制以现行的全国统一工程预算定额为基础，特别是项目划分、计量单位、工程量计算规则等方面，尽可能多地与定额衔接，并且借鉴了世界银行、菲迪克（FIDIC）、英联邦国家等的一些做法和思路，结合了我国现阶段的具体情况加以确定。

这套计价规范规定的适用范围为全部使用国有资金投资或国有资金投资为主的大中型建设工程。

二、工程量清单计价基本内容

工程量清单计价的基本过程可总结为：招标人在统一的工程量清单计算规则的基础上，按照统一的工程量清单标准格式、统一的工程量清单项目设置规则，根据具体工程的施工图纸编制工程量清单，计算出各个清单项目的工程量，编制标底；投标人根据各种渠道所获得的工程造价信息和经验数据，结合企业定额计算编制工程投标报价。所以，工程量清单计价分为两个阶段：工程量清单编制和工程量清单计价。

1. 工程量清单编制

工程量清单是表现拟建工程的分部分项工程项目、措施项目、其他项目名称和相应数量的明细清单，由招标人按照国家标准计价规范中统一的项目编码、项目名称、计量单位和工程量计算规则，结合施工设计图纸、施工现场情况和招投标文件中的有关要求进行编制，包括分部分项工程清单、措施项目清单、其他项目清单。它是由招标方提供的一种技术文件，是招标文件的组成部分，一经中标签订合同，即成为合同的组成部分。工程量清单的描述对象是拟建工程，其内容涉及清单项目的性质、数量等，并以表格为主要表现形式。

1) 分部分项工程量清单

在编制分部分项工程量清单时做到"四个统一"，即项目编码统一、项目名称统一、计量单位统一、工程量计算规则统一。

（1）项目编码。项目编码以5级编码设置，用12位阿拉伯数字表示，如010302001＊＊＊。前9位为全国统一编码，编制分部分项工程量清单时不得变动，其中1～2位为附录顺序码，如01表示建筑工程；3～4位为专业工程顺序码，如03表示建筑工程中的砌筑工程；5～6位为分部工程顺序码，如02表示砌筑工程中的砖砌体；7～9位为分项工程项目顺序码，如001表示砖墙；后3位为清单项目名称顺序码，由编制人员根据设置的清单项目编制。

（2）项目名称。分部分项工程清单项目的设置原则上按形成的工程实体设置，实体由多个项目综合而成，在清单编制中项目名称的设置可以国家标准《建设工程工程量清单计价规范》附录中的项目名称为主体，考虑该项目的规格、型号、材质等特殊要求，结合拟建工程的实际情况而命名。

（3）计量单位。计量单位采用基本单位，按照国家标准《建设工程工程量清单计价规范》附录中各项规定的单位确定。

（4）工程数量。除另有说明外，所有清单项目的工程量应以实体工程量为准，并以完成后的净值计算。投标人报价时，应在单价中考虑施工中的各种损耗和需要增加的工程量。工程量计算规则应按照国家标准《建设工程工程量清单计价规范》附录中给定的规则计算。

2) 措施项目清单

措施项目指为完成工程施工而发生于该工程施工前和施工过程中技术、生活、安全等方面的非工程实体项目。措施项目清单的编制除考虑工程本身的因素外，还涉及水文、气象、环境、安全和施工企业的实际情况等，可参考国家标准《建设工程工程量清单计价规范》提供的"措施项目一览表"中列项，不足部分可补充。

3) 其他项目清单

其他项目清单应根据拟建工程的具体情况列项。国家标准《建设工程工程量清单计价规范》提供了两部分4项作为列项参考，不足部分可补充。一部分是招标人部分，包括预留金、材料购置费等，其中预留金是指招标人认为可能发生的工程量变更而预留的金额。另一部分是投标人部分，包括总承包服务费、零星工作项目费等，其中总承包服务费是指为配合协调招标人进行的工程分包和材料采购所需的费用；零星工作项目费是指完成招标人提出的不能以实物量计量的零星工作所需的费用。

2. 工程量清单计价

工程量清单计价包括编制招标标底、投标报价、合同价款的确定和办理工程结算等。工程量清单计价应包括按招标文件规定，完成由招标人提供的工程量清单所列项目的全部费用，具体包括分部分项工程费、措施项目费、其他项目费和规费、税金。工程量清单计价采用综合单价计价。综合单价计价是有别于现行定额工料单价计价的一种单价计价方式，包括完成规定计量单位合格产品所需的人工费、材料费、机械使用费、管理费、利润，并考虑风险因素，即包括除规费、税金以外的全部费用。综合单价适用于分部分项工程量清单、措施项目清单和其他项目清单。分部分项工程量清单的综合单价不包括招标人自行采购材料的价款。

1）编制标底

招标工程如设标底，标底应根据招标文件中的工程量清单和有关要求、施工现场实际情况、合理的施工方法，以及按照省、自治区、直辖市建设行政主管部门制定的有关工程造价计价办法进行编制。

2）投标报价

投标报价应根据招标文件中的工程量清单和有关要求、施工现场实际情况及拟定的施工方案或施工组织设计，依据企业定额和市场价格信息，或参照建设行政主管部门发布的社会平均消耗量定额进行编制。

3）工程量变更及其计价

合同总综合单价因工程量变更需要调整时，除合同另有约定外，应按下列办法确定。

（1）工程量清单漏项或设计变更引起新的工程量清单项目，其相应综合单价由承包人提出，经发包人确认后作为结算的依据。

（2）由于工程量清单的工程数量有误或设计变更引起工程量增减，属合同约定幅度以内的，应执行原有的综合单价；属合同约定幅度以外的，其增加部分的工程量或减少后剩余部分的工程量的综合单价由承包人提出，经发包人确认后作为结算依据。

由于工程量的变更，且实际发生了规定以外的费用损失，承包人可提出索赔要求，与发包人协商确认后给予补偿。

第三节 工程量清单招标

一、工程量清单招标概念

工程量清单招标是由招标人提供统一的工程量清单和招标文件，投标人以此作为投标报价的依据，并根据现行计价定额，结合自身特点，考虑可竞争的现场费用、技术措施费用及所承担的风险，最终确定单价和总价，进行投标的一种交易方式。

工程量清单招标是国际上通行的招标方法，与国际通用的工程合同文本、工程管理模式等都是相配套的。

二、工程量清单招标的基本做法

1. 编制工程量清单

在工程方案、初步设计或施工设计完成后，招标人要根据工程的特点以及招标文件的有关要求，依照施工设计和工程量计算规则计算工程量并提出具体的质量要求。工程量的内容可以依据设计深度、特殊的质量要求以及便于计量的原则进行编制。不同项目的工程量清单对分部分项工程的划分以及各分部分项工程所包含的内容可能不会完全相同，所以在每一分部分项工程量计算时要注意详细说明该分项所包含的项目和工作内容，以及相应的质量要求，只有这样才能避免漏项或重复计算，同时也有利于投标人对各分部分项工程做出正确的报价。工程量清单由招标人编制完成后，作为招标文件内容的一部分随招标文件分发给各投标人。工程量清单的粗细程度、准确程度取决于工程设计的深度及编制人员的技术水平和经验。在工程量清单招标方式中，工程量清单的作用是：

（1）为投标人提供一个共同的投标基础，供投标人使用；
（2）便于评标定标，比选价格；
（3）进行工程进度款的支付；
（4）进行合同总价调整、工程结算的依据。

2. 编制标底

招标人按工程量清单计算直接费，并进行工料分析，然后按现行定额或拟定的人工、材料、机械价格和取费标准、取费程序及其他条件计算综合单价，包含完成该项工程内容所需的所有费用，即包括直接费、间接费、材料价差、利润、税金，并组成综合合价，最后汇总成标底。

3. 投标报价

投标人根据工程量清单及招标文件的内容，结合自身的实力和竞争所需要采取的优惠条件，评估施工期间所要承担的价格、取费变动等风险，提出有竞争力的综合单价、综合合价、总报价及相关材料进行投标。

投标人接到招标文件后，可对工程量进行简单地复核，如果没有大的错误，即可考虑方方面面的与工程有关的因素进行工程报价；如果投标人发现工程量清单中工程量的误差较大，可以要求招标人进行澄清，但投标人不得擅自变动工程量。

在分项工程的单价确定过程中，要充分考虑到招标人对工程的质量要求，以及投标人自己的施工组织设计，如工程量的大小、施工方案的选择、施工机械和劳动力的配备、材料供应等因素的影响。

关于分项工程单价的报价方式，有两种方式可供选择。

一种是目前国际上普遍采用综合单价方式，即分项工程的单价中包含了完成此分项工程所需的直接费、间接费、有关文件规定的调价、材料差价、利润、税金、风险准备金等全部费用，将综合单价与相应的工程量相乘，再相加后，即得到该工程的总报价。

另一种是我国目前普遍使用的工料单价法，即先套用定额单价，即定额基价，确定工程项目的直接成本，再以此为基础计算工程的间接费和利润、税金等，最后将这几部分费用相加，即为该工程的总造价。

两种单价报价方式各有利弊，互有长短。采用综合单价有利于对报价进行拆分，在施工过程中发生工程变更时便于进行费用索赔的计算。工料单价报价方式比较直观，价格的总体构成脉络比较清晰，但是不利于进行单价的核定与调整，也很难反映工程实际的具体质量要求和投标企业的真实技术水平，企业很难根据情况对分项工程作出报高价还是报低价的决策。

所以，在试行工程量清单招标时，应推广综合单价方式。这样既可以与国际惯例保持一致，同时，又可以在招标投标和工程管理过程中充分发挥工程量清单的作用，并保持前后工作的统一性和一致性。

4. 评标

在评标时，可以对投标人的最终总报价以及分项工程的综合单价的合理性进行评分。由于采用了工程量清单招标方法，所有投标人都站在同一起跑线上，因而竞争更为公平合理，有利于实现优胜劣汰。

评标时，应坚持倾向于合理低标价中标的原则。

当然，评标仍然可以采用综合计分的方法，不仅考虑报价因素，而且还对投标人的施工组织设计、企业业绩和信誉等按一定的权重分值分别进行计分，按总评分的高低确定中标人。

评标也可以采用两阶段评标的办法，即先对投标人的技术方案进行评价，在技术方案可行的前提下，再以投标人的报价作为评标定标的唯一因素，这样既可以保证工程建设质量，又有利于业主选择一个合理的、报价较低的单位中标。

5. 计价调整

在招标文件或施工承包合同中，规定中标人投标的综合单价在结算时不做调整。而当实际施工的工程量与原提供的工程量相比较，出入超过一定范围时，可以按实调整，即总量调、价不调。对于不可预见的工程施工内容，可施行虚拟工程量招标单价或明确结算时补充综合单价的确定原则。

第四节　工程量清单计价对合同的影响

一、工程量清单在合同中的作用

在现行的施工承包合同中，主要有总价合同与单价合同两种形式。总价合同的特点是总价包干，按总价办理结算。这种合同管理的工作量较小，无工程量计量工作，结算工作也十分简单，且便于进行投资控制。但在施工设计不明确时，会给合同管理带来诸多不便，承包商的风险责任会加大，此时采用总价合同，其公正性和可操作性相对较差。

单价合同的特点是合同中各工程细目的单价明确，承包商所完成的工程量要通过计量来确定。单价合同弥补了总价合同的不足，单价合同在合同管理中具有便于处理工程变更及施工索赔的特点，且合同的公正性及可操作性相对较好，因而单价合同在国际上广为流行。

工程量清单是单价合同的产物，它是一份与技术规范相对应的文件，其中详细地说明了合同中需要或可能发生的工程细目及相应的工程量。工程量清单在合同管理中的作用在于提供合同中关于工程量的足够信息，使投标人能有效而精确的编写标书；标有单价的工程量清单是办理工程支付和结算的依据。

二、工程量清单的编写质量对合同管理的影响

1. 工程细目划分对合同管理的影响

工程细目划分粗,可减少计量工作量;但划分得太粗会难以发挥单价合同的优势,不便于工程变更的处理;且工程细目划分太粗,会使支付周期延长,承包商的资金周转发生困难,最终影响合同的正常履行和合同的公正性。

从单价合同的性质而言,工程细目划分细一点为好,它对处理工程变更和施工管理是有利的;但划分过细,会使计量工作量大增,甚至会难以操作。

2. 开办项目对合同管理的影响

工程细目划分的科学性,要求将开办项目作为独立的工程细目单列出来。

开办项目往往是那些一开工就要全部或大部分发生甚至开工前就要发生的项目,如工程保险、施工队伍动迁、土地征用等项目。如将这些项目包含在其他项目的单价中,则承包商开支的上述各种款项不能得到及时支付,这不仅影响合同的公正性和承包商的资金周转,而且会影响招标中预付款的数量。

3. 工程量的整理对合同管理的影响

工程量的整理要细致和准确,整理工程量的依据是设计和技术规范,整理工程量的工作是一项技术工作,决不是简单地罗列设计文件中的工程量。

整理工程量时先要认真阅读技术规范中的计量与支付方法。同一工程项目,其计量方法不同,整理出来的工程量也不一样。设计文件中的工程量所对应的计量方法与技术规范中的计量法方不一定一致。这就需要在整理工程量的过程中,对设计文件的工程量进行分解、合并等技术处理。另外,在工程量的计算过程中,要做到不重不漏,更不能发生计算错误,否则会带来下列问题:

(1) 工程量的错误一旦被承包商发现和利用,则会给业主带来损失。

(2) 工程量清单的错误会引发其他施工索赔。承包商除通过不平衡报价获取超额利润外,还有权提出索赔。例如,FIDIC合同条款52.3款规定:如果在签发公证书时发现合同价格的增加或减少总共超过有效合同价的15%,则承包商可以提出施工索赔。

(3) 工程量错误还会增加变更工程的处理难度。由于承包商采用了不平衡报价,所以当合同发生设计变更而引起工程量清单中工程量的增减时,因不平衡单价对所增减的工程量计价不适应,会使监理工程师不得不和业主及承包商协商,确定新的单价来对变更工程进行计价。

(4) 工程量的错误还会造成投资控制和预算控制的困难。由于合同的预算通常是根据投标报价加上适当的预留费后确定的,工程量的错误还会造成项目管理中预算控制的困难和预算追加的难度。因此,工程量的准确性应予保证,其误差最大不能超过5%。

第五节 工程量清单计价模式的特点

我国一直采用定额计价模式,新推行的工程量清单计价模式与之相比,具有很大的不同和特点。

(1) 工程量清单计价模式符合我国工程造价体制改革"控制量、指导价、竞争费"的大原则。这一改革原则本身就说明必须把价格的决定权逐步交给市场,直至最后全面放开,并

最终通过市场来配置资源，决定工程价格。使之真正实现通过市场机制决定工程造价。

（2）工程量清单计价模式有利于加快工程进度。工程方案、初步设计完成后，施工设计之前即可进行招投标工作，使工程开工时间提前，有利于工程项目的进度控制和投资效益的提高。

（3）工程量清单计价模式有利于将工程的"质"与"量"紧密结合起来。工程质量、造价、工期三者之间存在着一定的必然联系，投标报价必须充分考虑到工期和质量因素，这是客观规律的反映和要求。采用工程量清单招标，有利于投标人通过报价的调整来反映质量、工期、成本三者之间的科学关系。

（4）工程量清单计价模式有利于业主在竞争状态下获得最合理的工程造价。因为投标人不必在工程量计算上煞费苦心，可以减少投标标底编制的偶然性技术误差，让投标人有足够的余地选择合理的标价下浮幅度；同时，也增加了综合实力强、社会信誉好的企业中标机会，更能体现招标投标的宗旨。此外，通过竞争，按照工程量清单招标确定的中标价格，在不提高设计标准的情况下与最终结算价是基本一致的，这样可为控制承包商的工程成本提供准确、可靠的依据。

（5）工程量清单计价模式有利于实现工程风险的合理分担。建设工程一般都比较复杂，部分工程项目施工周期长，工程变更多，因而工程建设的风险比较大。采用工程量清单报价方式后，投标人只对自己所报的成本、单价等负责，而对工程量的变更或计算错误等不负责任。相应的，对于这一部分风险则应由业主承担，这种格局符合风险合理分担与责权利关系对等的一般原则。

（6）工程量清单计价模式有利于节省时间，减少不必要的重复劳动。招标投标工作有其特殊性，即不管投标人有多少，到最后中标的只有一个，未中标的工作成果基本上属于白做，往往得不到任何形式的补偿。另外，在招标投标的实际操作中，给投标人投标报价的时间一般都很短，在工程量的计算方面时间很紧张，错误也在所难免。如不采用工程量清单报价，工程量和单价这两个可变因素都要由投标人自己来确定，所有投标人都要计算工程量，是重复劳动，浪费大量的人力物力。事实上，尽管计算工程量所依据的是同样的施工设计和同样的工程量计算规则，但是仍然常常会出现偏差，有的时候偏差还比较大。而采用工程量清单招标则可以简化投标报价计算过程，缩短投标人投标报价时间，更有利于招投标工作的公开、公平、公正，科学合理，节省时间和社会财富。

（7）工程量清单计价模式有利于标底的管理与控制。在传统的招标投标方法中，标底一直是个关键因素，标底的正确与否，保密程度如何一直是人们关注的焦点。采用工程量清单计价招标方法，工程量是公开的，是招标文件内容的一部分，标底只起到一定的控制作用，即控制报价不能突破工程概算的约束，而与评标过程无关，并且在适当的时候甚至可以不编制标底。这就从根本上消除了标底准确性和标底泄露所带来的负面影响。

（8）工程量清单计价模式有利于承包商精心组织施工，控制成本。中标后，承包商可以根据中标价及投标文件中的承诺，通过对单位工程成本、利润进行分析，精心选择施工方案；并根据企业定额或劳动定额合理确定人工、材料、施工机械要素的投入与配置，优化组合，合理控制现场费用和施工技术措施费用等，以便更好地履行承诺，抓好工程质量和工期。

（9）有利于控制工程索赔，搞好合同管理。在传统的招标投标方式中，承包人为了求生存，经常采用"低报价、高索赔"的策略。设计变更、现场签证、技术措施费用及价格、取费调整是索赔的主要内容。在工程量清单计价招标方式中，由于单项工程的综合单价不因施工数量变化、施工难易不同、施工技术措施差异、价格及取费变化而调整，这就大大消除了承包商不合理索赔的可能。

　　对我们来说，工程量清单计价这种国际通行的工程发包方式是一种新的工程造价管理模式，它伴随着社会主义市场经济体制的建立，正在向我们走来，在我国还处于起步阶段。从一种管理方式转换到另一种管理方式，需要创造与新的管理方式相适应的社会条件。要保证其健康发展，规范运作，必须要有相应的法律法规作保障，需要合格的市场主体、完备的制度规范、完善的管理体制、配套的市场体系等等。总之，推行工程量清单计价模式是目前形势发展的需要，我们要加快步伐，为工程量清单计价模式的全面推行创造条件。

第二章 勘探与钻井工程量清单计价规范总则

第一节 总 则

（1）为规范石油天然气勘探与钻井工程量清单计价行为，统一勘探与钻井工程量清单的编制和计价方法，根据《中华人民共和国招标投标法》、《合同法》及 GB 50500—2003《建设工程工程量清单计价规范》，制定本规范。

（2）本规范适用于石油天然气物化探工程和钻井系统工程工程量清单计价活动。

（3）石油天然气勘探与钻井工程量清单计价应遵循客观、公正、公平的原则，体现招标投标的"公开、公正、公平、合理"原则。

（4）石油天然气勘探与钻井工程量清单计价应严格执行国家的方针、政策、法令、法规和有关政策，符合石油天然气勘探与钻井工程技术规范。

（5）本规范中包括物化探工程工程量清单计价规范和钻井系统工程工程量清单计价规范。

第二节 术语解释

一、工程量清单

表现拟建石油天然气物化探工程与钻井系统工程的分部分项工程项目、技术服务项目和其他项目名称和相应数量的明细清单。

二、项目编码

根据石油天然气物化探工程与钻井系统工程的特点，采用英文字母和六位阿拉伯数字表示。物化探工程项目编码以 K 字母位于首位，钻井系统工程项目编码以 Z 字母位于首位。第一位数字为单项工程顺序码，第二位数字为单位工程顺序码，第三位数字为分部工程顺序码，第四位数字为分项工程顺序码，第五位和第六位数字为清单项目名称顺序码。

三、综合单价

完成工程量清单中一个规定计量单位项目所需的直接费、间接费、风险费和利润。

四、措施项目

指发生于工程施工施工前、施工过程中的技术、生活、安全等方面的非工程实体项目。

五、企业定额

指施工企业根据本企业的施工技术和管理水平，以及有关工程造价资料确定的，并供本企业使用的人工、材料和机械台班的消耗量。

第三节　工程量清单编制

一、一般规定

（1）工程量清单应由具有编制招标文件能力的招标人或受其委托具有相应资质的中介机构进行编制。

（2）工程量清单应作为招标文件的组成部分。

（3）工程量清单应由工程量清单总说明、分部分项工程量清单、技术服务清单、其他项目清单组成。

二、工程量清单总说明

依据石油天然气勘探与钻井工程施工的自然条件、工程质量与技术要求编制，内容如下：

（1）工程概况。

（2）工程量清单编制依据。

（3）工程质量、技术标准、主要材料及施工等要求。

（4）工程招标和分包范围。

（5）招标人自行采购的材料名称、规格型号及数量。

（6）其他需说明的问题。

三、分部分项工程量清单

（1）石油天然气物化探工程和钻井系统工程量清单应包括分部分项工程项目编码、项目名称、计量单位和工程数量。

（2）分部分项工程量清单应根据规定的统一项目编码、项目名称、计量单位和工程量计算规则进行编制。

（3）项目编码按物化探工程工程量计算规则和钻井系统工程工程量计算规则中规定设置，第五位和第六位数字应根据拟建工程的工程量清单项目名称由其编制人设置，并应自01起顺序编制。

（4）项目名称应按物化探工程工程量计算规则和钻井系统工程工程量计算规则中规定的项目名称与项目特征并结合工程实际确定。若出现计算规则中未包括的项目，编制人可作相应补充。

（5）计量单位应按物化探工程工程量计算规则和钻井系统工程工程量计算规则中规定的计量单位确定，其基本原则是：

①以作业时间计算的为：台月、天或小时。

②以单项工程量计算的为：次、层、颗、点、口井、炮、座。

③以测量单位计算的为：测量米、深度米、射孔米。

④以体积计算的为：立方米（m³）。

⑤以面积计算的为：平方米（m²）、平方千米（km²）。

⑥以长度计算的为：米（m）、千米（km）。

⑦以重量计算的为：吨（t）或千克（kg）。
⑧以功率计算的为：水马力（HHP）。
⑨以单位工程量消耗材料计算的为：吨/台月、吨/次、公斤/米、吨/层。
⑩以单位工程量消耗费用计算的为：元/台月、元/队月、元/天、元/次、元/层、元/颗、元/点、元/口井、元/米、元/炮、元/方、元/吨·公里或车·公里等。

（6）工程数量应按物化探工程工程量计算规则和钻井系统工程工程量计算规则中规定的工程量计算规则计算。

（7）工程数量单位取值。
①以千克、天、次、取心颗、点、层、个、项为单位，应取整数。
②以立方米、平方米、米、计价米、射孔米为单位，应保留两位小数，第三位四舍五入。
③以吨为单位，应保留三位小数，第四位四舍五入。

四、措施项目清单

措施项目清单应根据拟建工程的具体情况列项。

五、其他项目清单

其他项目清单应根据拟建工程的具体情况列项。

第四节　工程量清单计价

（1）实行工程量清单计价招投标的建设工程，其招标标底、投标报价的编制、合同价款确定与调整、工程结算应按本规范执行。

（2）工程量清单计价应包括按招标文件规定，完成工程量清单所列项目的全部费用。

（3）工程量清单应采用综合单价计价。

（4）分部分项工程量清单的综合单价，应根据本规范的综合单价组成，按设计文件或物化探工程工程量计算规则和钻井系统工程工程量计算规则中"工程内容"确定。

（5）技术服务清单的综合单位或金额应根据拟建工程的施工方案或施工组织设计，参照本规范规定的综合单价组成确定。

（6）其他项目清单的金额应按下列规定确定。
①招标人部分的金额可按估算金额确定。
②投标人部分的总承包服务费应根据招标人提出要求所发生的费用确定。

（7）招标工程如设标底，标底应根据招标文件中的工程量清单和有关要求、施工现场实际情况、合理的施工方法以及各地建设行政主管部门制定的有关工程造价计价办法进行编制。

（8）投标报价应根据招标文件中的工程量清单和有关要求、施工现场实际情况及拟定的施工方案或施工组织设计，依据企业定额和市场价格信息，或参照建设行政主管部门发布的社会平均消耗量定额进行编制。

（9）合同中综合单价因工程量变更需调整时，除合同另有约定外，应按下列办法确定：
①工程量清单漏项或设计变更引起的新的工程量清单项目，其相应综合单价由承包人提

出，经发包人确定后作为结算依据。

②由于工程量清单的工程数量有误或设计变更引起的工程量增减，属合同约定幅度以内的，应执行原有的综合单价；属合同约定幅度以外的，其增加部分的工程量或减少后剩余部分的工程量的综合单价由承包人提出，经发包人确认后，作为结算的依据。

（10）由于工程量的变更，且实际发生了除本规范以外的费用损失，承包人可提出索赔要求，与发包人协商确认后，给予补偿。

（11）工程量清单计价格式的填写应符合下列规定：

①工程量清单计价格式应由投标人填写。

②封面应按规定内容填写、签字、盖章。

③投标总价应按工程项目总价表合计金额填写。

④工程项目总价表。

表中单项工程名称应按单项工程费用汇总表的工程名称填写。

表中金额应按单项工程费用汇总表的合计金额填写。

⑤单项工程费用汇总表。

表中单位工程名称应按单位工程费用汇总表的工程名称填写。

表中金额应按单位工程汇总表的合计金额填写。

⑥单位工程费用汇总表中的金额应分别按照分部分项工程工程量清单计价表、措施项目清单计价表和其他项目清单计价表的合计金额和按有关规定计算的规费、税金填写。

⑦分部分项工程量清单计价表中的序号、项目编码、项目名称、计量单位、工程数量必须按分部分项工程量清单中相应内容填写。

⑧措施项目清单计价表中的序号、项目名称、计量单位、工程数量必须按措施项目清单中相应内容填写。

⑨其他项目清单计价表中序号、项目名称必须按其他项目清单的相应内容填写。

⑩分部分项工程量清单综合单价分析表和设备、人员配备表，应由招标人根据需要提出要求后填写。

⑪主要材料价格表。

招标人提供的主要材料价格表应包括详细的材料编码、材料名称、规格型号和计量单位等。

第三章 物化探工程工程量清单计价规范

第一节 一般规则

一、基本要求

（1）本规范适用于各类型地震、非地震地球物理及化学勘探工程的工程量清单计量与计价。

（2）本规范工程项目包括地震、重磁力、电法、化学勘探工程，地震勘探又分为二维地震勘探和三维地震勘探。

（3）工程量清单计量与报价应包括相应的人工、材料、设备等各种消耗，必须满足工程设计和施工要求。

（4）各清单项目的质量标准都必须达到设计要求，符合石油地球物理化学勘探相关技术质量标准。有新标准替代旧标准时，须按新标准要求计价，并保证其新标准质量要求。

（5）工程量清单项目计价时，要根据实际情况考虑该工程施工地地形、地区类别、地质条件和施工环境等不同自然因素及工程维别、物理点距、仪器道数、覆盖次数、震源方式和施工使用机械等施工因素所影响的费用。

（6）本规范工程量清单项目所列工作内容均为主要工序，计价时必须考虑完成该项目工程的全部工序及工作内容。

（7）本规范所列工程量清单项目的综合单价，应相应计量材料及设备的运输、试验、检验、校对等费用。

（8）本规范所列工程量清单项目的综合单价，应包括相应的为使工程顺利进行或延续所需进行的各种技术措施、针对性处理手段、方法等消耗。

二、工程项目划分

物化探工程分为地震勘探、重磁力勘探、电法勘探、化学勘探四个单项工程，每个单项工程又分为野外资料采集、资料处理、资料解释。

1. 地震勘探工程

1）资料采集

资料采集包括动迁、地震资料采集。动迁指地震队的设备、物资、装备、人员从生活基地或工作驻地到施工现场的迁移。地震资料采集工作包括测线清障、测量、钻井、排列收放、激发、数据采集、表层调查、资料整理与现场处理、现场与营地管理等。

2）资料处理

地震资料处理工作包括资料整理、处理方法试验、水平叠加、偏移叠加及其他附加项目处理、胶片显示、相纸显示和完成处理报告等。

3）资料解释

地震资料解释工作包括资料整理、构造及岩性解释、油气藏预测及油气水分析、钻井井位确定、解释报告和资料上交等。

2. 重磁力勘探工程

1）资料采集

资料采集包括动迁、重磁力资料采集。动迁指重磁力队的设备、物资、装备、人员从生活基地或工作驻地到施工现场的迁移。重磁力资料采集工作包括测量、重力观测与记录、资料整理与计算、现场与营地管理等。

2）资料处理

重磁力资料处理工作包括数据预处理、趋势分析、频率域转换、处理报告。

3）资料解释

重磁力资料解释工作包括重磁异常地质因素的分析、密度界面、磁性界面的深度转换、区域构造研究、断裂推断、火成岩分布推断、油气评价。

3. 电法勘探工程

1）资料采集

资料采集包括动迁、电法资料采集。动迁指电法队的设备、物资、装备、人员从生活基地或工作驻地到施工现场的迁移。电法资料采集工作包括测量、数据采集、布极、发射、接收、资料整理与计算、现场与营地管理等。

2）资料处理

电法资料处理工作包括频谱信息的提取、张量阻抗要求的估算、抑制随机噪声、求取视电阻率及相位、处理报告。

3）资料解释

电法资料解释工作包括资料整理、验收、曲线解释、作图、地质解释与推断、单指标原始值异常特征图、单指标趋势剩余异常特征图。

4. 化学勘探工程

1）资料采集

资料采集包括动迁、化学资料采集。动迁指化学勘探队的设备、物资、装备、人员从生活基地或工作驻地到施工现场的迁移。化学勘探资料采集工作包括测量、采样记录、样品预处理、质量分析与资料整理、现场与营地管理等。

2）资料处理

化学勘探资料处理工作包括数据的正常分布检验、数值特征及影响因素的确定、数据处理、指标优选与分级、背景值与异常下限的确定、综合异常的确定。

3）资料解释

化学勘探资料解释工作包括单指标原始值异常特征分级、综合异常区带的划分和评价、地质综合分析与评价。

三、计价原则

（1）三维地震勘探工程量按"满覆盖面积（km^2）"计算，二维按"满覆盖长度（km）"计算。

（2）在同一工区内存在不同地形地类时，应根据施工现场实际踏勘确定的不同地形、地类的长度或面积分别计价。

（3）施工补偿应根据不同地区、不同施工季节及地面附着物等情况分别计价。

（4）设备、人员动迁工程量按地震队生活基地或工作驻地到施工地距离计算，施工区域内的动迁不另行计价。

（5）测线清障应根据不同地区、地形地类、施工队型（方法）等确定的不同施工工程量及施工方法分别计价。工程量为测线长度与炮线长度之和（二维无炮线长度）的一定比率计算。

（6）测量工程量根据不同维别及物理点距离的测量要求，按测线长度与炮线长度之和（二维无炮线长度）计算。

（7）钻井工程按不同钻机、钻井方式、井深及组合井数分别计价。

（8）浅层折射工程按不同地形地类、不同施工方法的设备、仪器、车辆配备及设计的"点"数计价。

（9）微地震测井工程按施工区内不同地形地类设计的井深、平均炮点距、炮数及微地震测井口数分别计价。

（10）现场与营地管理按不同队型和不同施工地区营地管理要求，配备与不配备野营房应分别计价。

（11）对地震资料处理与解释有特殊要求的另行计价。

四、计算工程量前应确定的各项资料

（1）工程采集施工使用的队型，包括震源方式、仪器型号、主要运载设备、施工设备的名称、型号及数量等。

（2）工程采集施工中的定员人数，生产管理及技术骨干构成情况。

（3）设备从原所在地到施工地搬运方式及运输距离。

（4）工程项目施工中的营地建设情况及条件。

（5）施工设计、试验方法、设计方案和材料消耗量。

（6）其他野外采集中的相关资料。

（7）工程资料处理过程中针对性的处理手段、方法及相关资料。

（8）工程资料解释过程中的有效方法、经验及相关资料。

由于非地震工程在工程项目划分与地震工程基本一致，工程量清单计价模式基本相同，同时物化探工程中地震勘探工程为主，并且相比复杂得多，因此本章只对地震勘探工程工程量清单计价规范进行系统研究，非地震工程在工程量清单报价时可供参考。

第二节 术语解释

一、地震勘探工程有关术语

1. 排列长度
第一个接收点到最后一个接收点的长度。
2. 接收点距
相邻接收点间的距离，也称道距。
3. 激发点距
相邻激发点间的距离，也称炮距。
4. 覆盖次数
对界面上一个点进行观测的次数。
5. 钻机类型
钻机分为车装、人抬、手摇三种类型。

6. 震源方式

震源分为井炮、可控震源、气枪三种方式。

7. 测量方式

分为常规测量和差分测量两种方式。

8. 清障方式

分为人工清障和推土机清障两种方式。

二、地震勘探工程量的概念

如果设计中要求满覆盖次数为 n 次，就是要求地质目标范围内都达到 n 次覆盖，否则满足不了资料对质量的要求。根据地质任务首先提出满覆盖面积和满覆盖段长度，然后再设计出资料面积和长度、施工面积与测线长度。

覆盖次数是从一次到 n 累加出来的。要达到覆盖次数为 n 次，必须有累加的过程。由图 3-2-1 可以说明 1—n 段就是累加过程的过渡段，过渡段的外侧是有了一次覆盖的端点，内侧已达到了满覆盖次数。过渡段与满覆盖段是有资料的区段，它覆盖的面积就是资料面积；资料面积、满覆盖面积都是指的地下面积，而施工是在地面，施工面积指的是排列摆放所覆盖的面积，即延长段外端点所包括的面积。

图 3-2-2 是一块三维工作区的各种面积。目前一般都以偏移前的满覆盖面积来计算三维地震面积，偏移后的面积是地质面积，跟地层的倾角有关，野外施工中或工程概预算时，很难确定。

| 延长段 | 1-n 次段 | n 次满覆盖段 | 1-n 次段 | 延长段 |

图 3-2-1 覆盖次数示意图

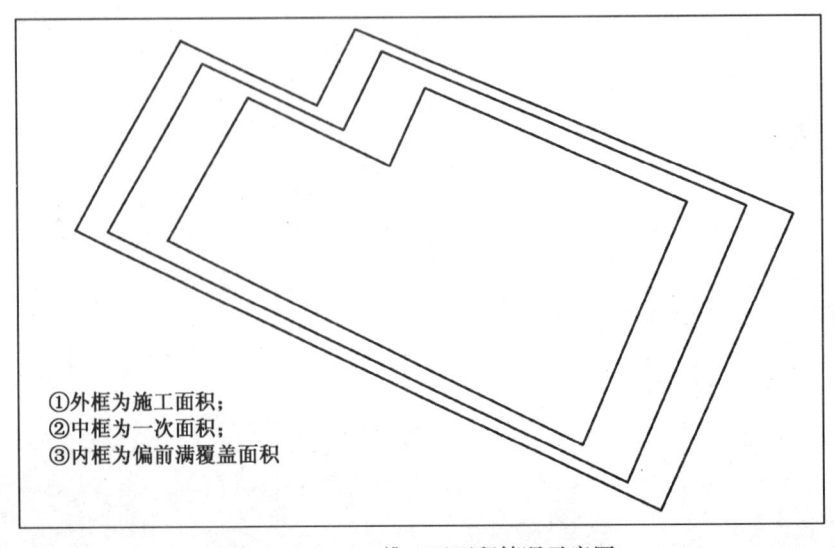

①外框为施工面积；
②中框为一次面积；
③内框为偏前满覆盖面积

图 3-2-2 三维工区面积情况示意图

第三节 工程量计算规则

一、地震勘探工程量计算规则

地震勘探工程量清单项目设置及工程量计算规则，应按表3-3-1的规定执行。

表3-3-1 地震勘探工程（编码 K100000）

项目编码	项目名称	项目特征	计量单位	工程量计算规则	工程内容
K110000	资料采集		km或km²	按设计计算	
K111000	测线清障	(1) 地形 (2) 地类 (3) 施工方法	km	按设计测线长度和炮线长度，根据不同地形地类按不同比率计算	踏勘测线位置，用推土机或人工推填、平整、清除测线上影响施工的各种障碍物
K112000	测量	(1) 地形 (2) 地类 (3) 物理点距	km	按设计测线长度和炮线长度计算	测量检波点、炮点位置，布设检波点、炮点位置的测量标记，高程测量，搬点和成果计算
K113000	钻井	(1) 地形 (2) 地类 (3) 钻机类型 (4) 炮间距 (5) 井深 (6) 组合井数	口	按设计口数计算	钻井前准备，钻井，起、下、接换钻杆，注水，捞泥浆，测量井深，运送水，下炸药，井口处理，搬点
K114000	排列收放	(1) 地形 (2) 地类 (3) 仪器接收道数 (4) 道间距 (5) 炮距（纵、横） (6) 覆盖次数	炮	按设计炮数计算	运、布、收、倒排列，埋置检波器，检查、排除排列故障，联络，警戒，搬点
K115000	激发	(1) 地形 (2) 地类 (3) 仪器接收道数 (4) 道间距 (5) 炮距（纵、横） (6) 覆盖次数	炮	按设计炮数计算	安装雷管，运送炸药，设置井口道，连接炮线，测量通短，故障排除，联络，井口警戒，激发炸药，炮坑回填，炮线回收，搬点
K116000	数据采集	(1) 地形 (2) 地类 (3) 仪器接收道数 (4) 道间距 (5) 炮距（纵、横） (6) 覆盖次数	炮	按设计炮数计算	采集准备，激发震源，地震波记录，初评，更换磁带、记录纸，工地施工质量监控，现场资料初步整理与处理评价，搬迁

续表

项目编码	项目名称	项目特征	计量单位	工程量计算规则	工程内容
K117000	表层调查		km	按设计计算	
K117100	浅层折射	（1）地形 （2）地类 （3）接收排列长度 （4）点间距	点	按设计点数计算	布、收排列，检查排列故障，做炸药包，挖坑、埋设炸药，连接炮线，检查雷管通断，激发震源，仪器接收记录、初评，更换磁带、记录纸，搬迁
K117200	微测井	（1）地形 （2）地类 （3）井间距 （4）井深 （5）垂直平均炮间距 （6）炮数	口	按设计口数计算	准备，钻井，下检波器，下炸药，接炮线，检查故障、雷管通断，起爆炸药，记录、初评，收检波器，更换磁带、记录纸，搬迁
K118000	现场资料处理及整理	（1）地形 （2）地类 （3）仪器接收道数 （4）道间距 （5）炮距（纵、横） （6）覆盖次数	炮	按设计炮数计算	施工设计的实施，工区踏勘，方法试验，表层静校正和解释，施工质量控制，初评验收，整理记录，资料上交及其他辅助工作
K119000	现场与营地管理	（1）地形 （2）地类 （3）仪器接收道数 （4）道间距 （5）炮距（纵、横） （6）覆盖次数	队月	按设计施工队月计算	野外生产管理，HSE管理，饮食供应，材料供应，设备及专用工具的维护维修，危险品的专门管理，财务管理、统计、通讯、协调工农关系等
K120000	资料处理	（1）道距 （2）采样间隔 （3）处理长度 （4）地表条件 （5）覆盖次数	km 或 km²	按设计地震资料长度计算	数字输入，预处理，叠前处理，叠加，叠后处理，偏移，时深转换，包括频谱图、速度谱图、道集图，成果剖面胶片、图件的制作，校核、审查验收，打印装订等
K130000	资料解释	（1）勘探程度 （2）资料复杂程度	层·km 或 km²	按设计解释层数与资料长度计算	资料收集与整理，层位标定与确定解释方案，地震反射层对比解释，编制成果图件，编写成果报告，校核、审查验收，打印装订等

— 18 —

二、重磁力勘探工程量计算规则

重磁力勘探工程量清单项目设置及工程量计算规则，应按表3-3-2的规定执行。

表3-3-2 重磁力勘探工程（编码K200000）

项目编码	项目名称	项目特征	计量单位	工程量计算规则	工程内容
K210000	资料采集	（1）地形 （2）地类 （3）施工方法	km或点	按设计测线长度或物理点数计算	测量，重力观测与记录，资料整理与计算，现场与营地管理等
K220000	资料处理	处理方法	km或点	按测量数量计算	数据预处理，趋势分析，频率域转换，处理报告
K230000	资料解释	解释方法	km或点	按资料解释数量计算	重磁异常地质因素的分析，密度界面、磁性界面的深度转换，区域构造研究，断裂推断，火成岩分布推断，油气评价

三、电法勘探工程量计算规则

电法勘探工程量清单项目设置及工程量计算规则，应按表3-3-3的规定执行。

表3-3-3 电法勘探工程（编码K300000）

项目编码	项目名称	项目特征	计量单位	工程量计算规则	工程内容
K310000	资料采集	（1）地形 （2）地类 （3）队形	km或点	按设计测线长度或物理点数计算	测量，数据采集，布极，发射，接收，资料整理与计算，现场与营地管理等
K320000	资料处理	处理方法	km或点	按资料处理数量计算	频谱信息的提取，张量阻抗要求的估算，抑制随机噪声，求取视电阻率及相位，处理报告
K330000	资料解释	（1）解释方法	km或点	按资料解释数量计算	资料整理、验收，曲线解释，作图，地质解释与推断，单指标原始值异常特征图、单指标趋势剩余异常特征图

四、化学勘探工程量计算规则

化学勘探工程量清单项目设置及工程量计算规则，应按表3-3-4的规定执行。

表3-3-4 化学勘探工程（编码K400000）

项目编码	项目名称	项目特征	计量单位	工程量计算规则	工程内容
K410000	资料采集	(1) 地形 (2) 地类	km或点	按设计测线长度或物理点数计算	测量，采样记录，样品预处理，质量分析与资料整理，现场与营地管理等
K420000	资料处理	处理方法	km或点	按处理样品数量计算	数据正常分布检验，数值特征及影响因素的确定，数据处理，指标优选与分级，背景值与异常下限的确定，综合异常的确定
K430000	资料解释	解释方法	km或点	按解释数量计算	单指标原始值异常特征分级，综合异常区带的划分和评价，地质综合分析与评价

第四节 工程量清单格式

地震勘探工程量清单格式应由下列内容组成：
(1) 封面（表3-4-1）。
(2) 填表须知（表3-4-2）。
(3) 总说明（表3-4-3）。
(4) 分部分项工程量清单（表3-4-4）。
(5) 措施项目清单（表3-4-5）。
(6) 其他项目清单（表3-4-6）。
(7) 零星工作项目清单（表3-4-7）。

工程量清单格式的填写应符合下列规定：
(1) 工程量清单应由招标人填写。
(2) 填表须知除本规范内容外，招标人可根据具体情况进行补充。
(3) 总说明应按规定内容填写。

非地震勘探工程量清单格式参考地震勘探工程确定。

表 3-4-1　工程量清单封面格式

_____地震勘探工程

工 程 量 清 单

招　标　人：_____（单位签字盖章）

法定代表人：_____（签字盖章）

委托代理人：_____（签字盖章）

造价工程师
及注册证号：_____（签字盖执业专用章）

编制时间：_____

表3-4-2　工程量清单及其计价格式填表须知

填 表 须 知

(1) 工程量清单及其计价格式中所有要求签字、盖章的地方，必须由规定的单位和人员签字、盖章。

(2) 工程量清单及其计价格式中的任何内容不得随意删除或涂改。

(3) 工程量清单计价格式中列明的所有需要填报的单价和合价，投标人均应填报，未填报的单价和合价，视为此项费用已包含在工程量清单的其他单价和合价中。

(4) 金额（价格）均应以_____币表示。

表3-4-3　总说明

工程名称：

(1) 工程概况：地区、地类、维别、钻机类型、测量方式、井深、仪器道数、道距、覆盖次数、激发方式、总炮数、总工作量等。

(2) 工程招标和分包范围。

(3) 工程量清单编制依据。

(4) 工程质量、技术标准、主要材料及施工等特殊要求。

(5) 招标人自行采购的材料名称、规格型号及数量。

(6) 自行采购材料的金额数量。

(7) 其他需说明的问题。

表 3-4-4 分部分项工程量清单

工程名称：

序号	项目编码	项目名称	计量单位	数量	备注
1		测线清障	km		注明测量方法
2		测量	km		
3		钻井	口		
4		排列收放	炮		
5		激发	炮		
6		数据采集	炮		
7		表层调查			
7.1		浅层折射	点		
7.2		微测井	口		
8		现场资料处理及整理	炮		
9		现场及营地管理	队月		

表 3-4-5 措施项目清单

工程名称：

序号	项目名称	计量单位	数量	备注
1	动迁	km		
2	施工补偿	炮		
	……			

表 3-4-6 其他项目清单

工程名称：

序号	项目名称	计量单位	数量	备注

— 23 —

表 3-4-7 零星工作项目清单

工程名称：

序号	名　称	计量单位	数量
一	人工 ……		
二	材料 ……		
三	机械 ……		

第五节　工程量清单计价格式

地震勘探工程量清单计价格式应由下列内容组成：
(1) 封面（表3-5-1）。
(2) 投标总价（表3-5-2）。
(3) 工程项目总价表（表3-5-3）。
(4) 单位工程费汇总表（表3-5-4、表3-5-5）。
(5) 分部分项工程量清单计价表（表3-5-6、表3-6-7）。
(6) 措施项目清单计价表（表3-5-8）。
(7) 其他项目清单计价表（表3-5-9）。
(8) 零星工作项目清单计价表（表3-5-10）。
(9) 分部分项工程量清单综合单价分析表（表3-5-11）。
(10) 人工费单价分析表（表3-5-12）。
(11) 主要材料单价分析表（表3-5-13）。
(12) 专用工具单价分析表（表3-5-14）。
(13) 设备单价分析表（表3-5-15）。

工程量清单计价格式的填写应符合下列规定：
(1) 工程量清单计价格式应由投标人填写。
(2) 封面应按规定内容填写、签字、盖章。
(3) 投标总价应按工程项目总价表合计金额填写。
(4) 工程项目总价表。表中单项工程名称应按单项工程费用汇总表的工程名称填写。表中金额应按单项工程费用汇总表的合计金额填写。
(5) 单位工程费用汇总表中的金额应分别按照分部分项工程工程量清单计价表、措施项目清单计价表和其他项目清单计价表的合计金额和按有关规定计算的规费、税金填写。
(6) 分部分项工程量清单计价表中的序号、项目编码、项目名称、计量单位、工程数量必须按分部分项工程量清单中相应内容填写。
(7) 措施项目清单计价表中的序号、项目名称、计量单位、工程数量按措施项目清单中相应内容填写。
(8) 其他项目清单计价表中序号、项目名称按其他项目清单的相应内容填写。
(9) 零星工作项目清单计价表中的人工、材料、机械的名称、计量单位和相应数量按零星工作项目表中的相应内容填写。
(10) 分部分项工程量清单综合单价分析表、人工费单价分析表、主要材料单价分析表、专用工具单价分析表和设备仪器单价分析表，应由招标人根据需要提出要求后填写。

非地震勘探工程量清单计价格式参考地震勘探工程确定。

表 3-5-1 工程量清单报价封面

_____地震勘探工程

工程量清单报价表

招　标　人：_____（单位签字盖章）

法定代表人：_____（签字盖章）

造价工程师
及注册证号：_____（签字盖执业专用章）

编制时间：_____

表 3-5-2　投标总价

投 标 总 价

建设单位：_____

工程名称：_____

投标总价（小写）：_____

　　　　（大写）_____

投　标　人：_____（单位签字盖章）

法定代表人：_____（签字盖章）

编制时间：_____

表 3-5-3 工程项目总价表

工程名称：

序号	项 目 名 称	金额（元）
1	资料采集费用合计	
2	资料处理及解释费用合计	
	……	
	合　　计	

表 3-5-4 资料采集工程费用汇总表

工程名称：

序号	项 目 名 称	计量单位	数　量	金额（元）	
				综合报价	合价
1	资料采集	km 或 km²			
2	措施项目				
3	其他项目				
4	税金				
	……				
	合　　计	km 或 km²			

表 3-5-5 资料处理及解释费用汇总表

工程名称：

序号	项 目 名 称	计量单位	数　量	金额（元）	
				综合单价	合价
1	资料处理及解释	km 或 km²			
2	税金				
	……				
	本页小计				
	合　　计				

表 3-5-6 资料采集分项工程量清单计价表

工程名称：

序号	项目编码	项目名称	计量单位	数量	金额（元）	
					综合单价	合价
1		测线清障	km			
2		测量	km			
3		钻井	口			
4		排列收放	炮			
5		激发	炮			
6		数据采集	炮			
7		表层调查				
7.1		浅层折射	点			
7.2		微测井	口			
8		现场资料处理及整理	炮			
9		现场与营地管理	队月			
		本页小计				
		合　计				

表 3-5-7 资料处理及解释分项工程量清单计价表

工程名称：

序号	项目编码	项目名称	计量单位	数量	金额（元）	
					综合单价	合价
1		资料处理				
2		资料解释				
		……				
		本页小计				
		合　计				

表 3-5-8 措施项目清单计价表

工程名称：

序号	项 目 名 称	计量单位	数 量	金额（元）	
				综合单价	合价
1	设备及人员动迁	km			
2	施工补偿	炮			
3	运输				
	......				
	合　　计				

表 3-5-9 其他项目清单计价表

工程名称：

序号	项 目 名 称	金额（元）
一	招标人部分	
1	项目监理	
2	工程设计	
	......	
	小　　计	
二	投标人部分	
	......	
	小　　计	
	合　　计	

表 3-5-10 零星工作项目清单计价表

工程名称：

序号	名　称	单　位	数　量	金额（元）	
				综合单价	合价
一	人工 ……				
	小　计				
二	材料 ……				
	小　计				
三	机械 ……				
	小　计				
	合　计				

表 3-5-11 资料采集分项工程量清单综合单价分析表

工程名称：

序号	项目编码	项目名称	单位	综合单价项目组成（元）								综合单价
				直接费			间接费			风险费	利润	
				人工费	材料费	设备费	企业管理费	健康安全环保费	科技进步发展费			
1		测线清障	km									
2		测量	km									
3		钻井	口									
4		排列收放	炮									
5		激发	炮									
6		数据采集	炮									
7		表层调查										
7.1		浅层折射	点									
7.2		微测井	口									
8		现场资料处理及整理	炮									
9		现场与营地管理	队月									

表 3-5-12 人工费单价分析表

工程名称：

序号	项目名称	施工天数	工日单价（元）						合价（元）
			职工			民工			
			人数	单价(元)	小计	人数	单价(元)	小计	
1	测线清障								
2	测量								
3	钻井								
4	排列收放								
5	激发								
6	数据采集								
7	表层调查								
7.1	浅层折射								
7.2	微测井								
8	现场资料处理及整理								
9	现场与营地管理								

— 32 —

表 3-5-13　主要材料单价分析表

工程名称：

序号	材料名称	规格型号	单位	消耗（摊销）数量	金额（元）	
					单价	合价
一	测线清障					
1						
2						
3						
二	测量					
1						
2						
3						
三	钻井					
1						
2						
3						
四	排列收放					
1						
2						
3						
五	激发					
1						
2						
3						
六	数据采集					
1						
2						
3						
七	表层调查					
1						
2						
3						
八	现场资料处理及整理					
1						
2						
3						
九	现场与营地管理					
1						
2						
3						

表 3-5-14 专用工具单价分析表

工程名称：

序号	工具名称	规格型号	单位	消耗（摊销）数量	金额（元） 单价	金额（元） 合价
一	测线清障					
1						
2						
3						
二	测量					
1						
2						
3						
三	钻井					
1						
2						
3						
四	排列收放					
1						
2						
3						
五	激发					
1						
2						
3						
六	数据采集					
1						
2						
3						
七	表层调查					
1						
2						
3						
八	现场资料处理及整理					
1						
2						
3						
九	现场与营地管理					
1						
2						
3						

表 3-5-15 设备单价分析表

工程名称：

序号	设备名称	规格型号	单位	数 量	金额（元）	
					单价	合价
一	测线清障					
1						
2						
3						
二	测量					
1						
2						
3						
三	钻井					
1						
2						
3						
四	排列收放					
1						
2						
3						
五	激发					
1						
2						
3						
六	数据采集					
1						
2						
3						
七	表层调查					
1						
2						
3						
八	现场资料处理及整理					
1						
2						
3						
九	现场与营地管理					
1						
2						
3						

第六节 地震勘探日工作量计算方法

一、测线清障定额工作量的计算

推土机清障定额工作量计算公式为

$$Q_{QT} = K_i \times [T - T_1 - T_2 - T_3] \times V_T$$

式中 Q_{QT}——测线清障日定额工作量,单位:km/d;
K_i——地类系数;
T——制度工作时间,单位:min/d;
T_1——作业宽放时间,单位:min/d;
T_2——生理需要时间,单位:min/d;
T_3——找测线时间,单位:min/d;
V_T——推土机推进速度,单位:km/min。

人工清障定额工作量计算公式为

$$Q_{QR} = 2.14 \times K_i$$

式中 Q_{QR}——清障日定额工作量,单位:km/d;
2.14——山地Ⅲ类日定额工作量,单位:km;
K_i——地类系数。

二、测量定额工作量的计算

测量定额工作量计算公式为

$$Q_C = K_i \times [(T - T_1 - T_2 - T_Z)/(T_G + T_B)] \times (S_C * 0.001)$$

式中 Q_C——测量日定额工作量,单位:km/d;
K_i——地类系数;
T——制度工作时间,单位:min/d;
T_1——作业宽放时间,单位:min/d;
T_2——生理需要时间,单位:min/d;
T_Z——日准结累积时间,单位:min/d;
T_G——单点观测时间,单位:min/点;
T_B——测点间搬迁时间,单位:min/点;
S_C——测点间距离,单位:m/点。

$$T_B = (S_C/V_Y) \times \beta_c$$

式中 V_Y——移动速度,单位:m/min;
β_c——测量调节系数。

三、钻井定额工作量的计算

钻井定额工作量的计算公式为

$$Q_z = K \times [(T - T_1 - T_2 - T_3)/(T_4 + T_5 + T_6)] \times n$$

式中 Q_z——钻机日定额工作量,单位:口/d;
  K——地类调节系数;
  T——制度工作时间,单位:min/d;
  T_1——作业宽放时间,单位:min/d;
  T_2——生理需要时间,单位:min/d;
  T_3——寻找第一点时间,单位:min/d;
  T_4——单点准结时间,单位:min/口;
  T_5——炮点间移动时间,单位:min/口;
  T_6——单个炮点钻进时间,单位:min/口;
  n——单炮组合井数,单位:口。

$$T_5 = S/V_Z$$

式中 S——炮点间移动距离,单位:m;
  V_Z——钻机搬迁速度,单位:m/min。

$$S = [M + C_i \times (n-1)]$$

式中 M——炮点距,单位:m;
  C_i——组合井中各单井之间距离,常规取 4m。

$$T_6 = (H/v_i \times n) \times H^{1/2}$$
$$山地\ T_6 = (H/v_i \times n) \times (H/18)^{1/2}$$

式中 $H^{1/2}$ 和 $(H/18)^{1/2}$ 井深调节系数;
  H——井深,单位:m;
  v_i——钻进速度,单位:m/min。

四、排列收放定额工作量的计算

施工基本日定额工作量的计算(可控震源、黄土塬宽线除外)公式为

$$Q_{jb} = K_b \cdot K_p \cdot \frac{T_b - (T_{fd} + T_g + T_{jxk} + T_1 + T_2)}{T_3}$$

式中 Q_{jb}—— 基本日定额工作量,单位:炮/d;
  K_b—— 备用道调节系数;
  K_p—— 炮密度调节系数;
  T_b—— 制度工作时间,单位:min;
  T_{fd}—— 非定额时间,单位:min;
  T_g—— 更换磁带和纪录纸时间,单位:min;
  T_{jxk}—— 生理需要时间,单位:min;
  T_1—— 仪器车搬站时间,单位:min;
  T_2—— 排列布、收及查处故障时间,单位:min;
  T_3—— 每炮平均作业时间,单位:min/炮。

其中，仪器车搬站时间的计算公式为

$$T_1 = K_d \cdot \frac{\Delta x \cdot N_z}{V_y}$$

式中　K_d——接收道数调节系数；
　　　Δx——道间距，单位：m；
　　　N_z——单条排列接收道数；
　　　V_y——仪器车搬站平均视速度，单位：m/min。

$$K_d = \left(\frac{20 \times 120}{\Delta x \cdot N_z}\right)^{\frac{1}{2}}$$

平原车装、沼泽、黄土塬弯线二维 T_2 的计算

$$T_2 = \left[T_{zj} \cdot \left(\frac{3+e}{6}\right)^{1/2} + T_c\right] \cdot \left(\frac{2N}{N+120}\right)^{1/8}$$

平原人抬、沙漠、草原、戈壁二维 T_2 的计算

$$T_2 = \left[T_{zj} \cdot \left(\frac{3+e}{6}\right)^{1/2} + T_c\right] \cdot \left(\frac{2N}{N+120}\right)^{1/4}$$

山地二维、三维，黄土塬直线二维 T_2 的计算

$$T_2 = \left[T_{zj} \cdot \left(\frac{3+e}{6}\right)^{1/4} + T_c\right] \cdot \left(\frac{2N}{N+240}\right)^{1/4} \cdot \left(\frac{2\Delta x}{\Delta x + 50}\right)^{1/8}$$

平原车装、人抬、沙漠、草原车装、戈壁、沼泽三维 T_2 的计算

$$T_2 = \left[T_{zj} \cdot \left(\frac{3+e}{6}\right)^{1/4} + T_c\right] \cdot \left(\frac{N}{240}\right)^{1/32}$$

式中　T_{zj}——排列布、收时间，单位：min；
　　　e——每道小线根数；
　　　T_c——查、处排列故障时间，单位：min；
　　　N——接收道数。

二维每炮平均作业时间 T_3 计算公式为

$$T_3 = T_{jz} + \frac{d}{v}$$

三维每炮平均作业时间 T_3 计算公式为

$$T_3 = T_{jz} + T_y \cdot K_t$$

式中　T_{jz}——每炮基本作业时间，单位：min/炮；
　　　d——纵向炮间距，单位：m；
　　　T_y——每炮辅助作业时间；
　　　K_t——每炮辅助作业时间调整系数。

$$K_t = \left(\frac{p \cdot Y}{B \cdot v}\right)^{\frac{1}{8}}$$

式中　p——单束横向炮点数，单位：炮；
　　　B——爆炸机台数；
　　　v——放炮工平均行进速度，单位：m/min；
　　　Y——单束横向平均炮间距，单位：m。

$$K_b = \left(\frac{N_d}{J_d}\right)^b$$

式中　N_d——备用道数；
　　　J_d——调节基数；
　　　b——备用道调节系数指数。

$$K_p = \left(\frac{M_p}{P_j}\right)^m$$

式中　M_p——平均炮密度，M_p = 设计总炮数/满覆盖工作量（km，km²）；
　　　m——炮密度指数；
　　　P_j——基本平均炮密度。

五、可控震源施工基本日定额工作量的计算

可控震源施工基本日定额工作量计算公式为

$$Q_{jb} = K_p \cdot \frac{T_b - (T_{fd} + T_g + T_{jxk} + T_1 + T_2)}{T_3}$$

式中　Q_{jb}——基本日定额工作量，单位：炮/d；
　　　T_b——制度工作时间，单位：min；
　　　T_{fd}——非定额时间，单位：min；
　　　T_g——更换磁带和纪录纸时间，单位：min；
　　　T_{jxk}——生理需要时间，单位：min；
　　　T_1——仪器车搬站时间，单位：min；
　　　T_2——排列布、收及查处故障时间，单位：min；
　　　T_3——每炮平均作业时间，单位：min/炮；
　　　K_p——炮密度调节系数。

其中，炮密度调节系数为

$$K_p = \left(\frac{M_p}{65}\right)^m$$

式中　M_p——平均炮密度，M_p = 总炮数/满覆盖工作量（km，km²）；
　　　m——炮密度指数，二维 $m=0$，三维当 $M_p<65$ 时 $m=1/32$，$M_p\geq65$ 时 $m=1/2$。

仪器车搬站时间的计算公式为

$$T_1 = K_d \cdot \frac{\Delta x \cdot N_z}{V_y}$$

式中　K_d——接收道数调节系数，三维 $K_d=1$；
　　　Δx——道间距，单位：m；

N_z——单条排列仪器接收道数；

V_y——仪器车搬站平均视速度，单位：m/min。

$$K_d = \left(\frac{20 \times 120}{\Delta x \cdot N_z}\right)^{\frac{1}{2}}$$

二维排列布、收及查处故障时间

$$T_2 = \left[T_{zj} \cdot \left(\frac{3+e}{6}\right)^{\frac{1}{4}} + T_c\right] \cdot \left(\frac{\Delta x \cdot N_z}{20 \times 120}\right)^{\frac{2}{7}}$$

三维排列布、收及查处故障时间

$$T_2 = \left[T_{zj} \cdot \left(\frac{3+e}{6}\right)^{\frac{1}{4}} + T_c\right] \cdot \left(\frac{\Delta x \cdot N_z}{20 \times 120}\right)^{\frac{1}{32}}$$

式中 T_{zj}——排列布、收时间，单位：min；

e——每道小线根数；

T_c——查、处排列故障时间，单位：min；

N_z——单条排列仪器接收道数。

每炮平均作业时间计算公式为

$$T_3 = \frac{(T_s + T_j + T_{sj}) \cdot D_z + (1 + K_C) \cdot T_{pk}}{60}$$

式中 T_s——扫描时间长度，单位：s；

T_j——记录时间长度，单位：s；

T_{sj}——扫描间隔、点火延迟时间，单位：s；

D_z——震源单台震次；

K_C——震源车工作台数调节系数；

T_{pk}——单炮作业宽放时间，单位：s。

$$K_C = \frac{Z_s - 4}{4}$$

式中 Z_s——震源车工作台数，当 $T_s \leqslant 4$ 台时，$K_C = 0$。

$$T_{pk} = \left(\frac{d + (p-1) \times Y}{p}\right) \div \frac{V_k}{60} + T_{qx}$$

式中 d——纵向炮间距，单位：m；

p——单束横向炮点数，单位：炮；

Y——横向炮间距，单位：m；

T_{qx}——平台起落和寻找震点时间，单位：s；

V_k——震源车搬点速度。

六、黄土塬宽线定额的计算

黄土塬宽线日定额计算公式为

$$Q_{jb} = \frac{T_b - (T_{fd} + T_g + T_{jxk} + T_1 + T_2)}{T_3}$$

式中　Q_{jb}——基本日定额工作量，单位：炮/d；
　　　T_b——制度工作时间，单位：min；
　　　T_{fd}——非定额时间，单位：min；
　　　T_g——更换磁带和纪录纸时间，单位：min；
　　　T_{jxk}——生理需要时间，单位：min；
　　　T_1——仪器车搬站时间，单位：min；
　　　T_2——排列布、收及查处故障时间，单位：min；
　　　T_3——每炮平均作业时间，单位：min/炮。

其中，仪器车搬站时间的计算公式为

$$T_1 = K_d \cdot \frac{\Delta x \cdot N_z}{V_y}$$

式中　K_d——接收道数调节系数，三维 $K_d = 1$；二维 $K_d = \left(\frac{20 \times 120}{\Delta x \cdot N_z}\right)^{\frac{1}{2}}$

　　　Δx——道间距，m；
　　　N_z——单条排列仪器接收道数；
　　　V_y——仪器车搬站平均视速度，单位：m/min。

$$T_2 = \left[T_{zj} \cdot \left(\frac{3+e}{6}\right)^{\frac{1}{4}} + T_c\right] \cdot \left(\frac{2N}{N+240}\right)^{\frac{1}{4}} \times \left(\frac{2\Delta x}{\Delta x + 50}\right)^{\frac{1}{8}}$$

式中　T_{zj}——排列布、收时间，单位：min；
　　　e——每道小线根数；
　　　T_c——查、处排列故障时间，单位：min；
　　　N——仪器接收道数。

每炮平均作业时间计算公式为

$$T_3 = T_{jz} + \frac{d + (p-1) \times Y}{p \cdot v}$$

式中　T_{jz}——每炮基本作业时间，单位：min/炮；
　　　d——纵向炮间距，单位：m；
　　　p——横向炮点数，单位：炮；
　　　Y——横向炮间距，单位：m；
　　　v——放炮工平均行进速度，单位：m/min。

激发、数据采集、资料整理与处理日额定工作量的计算方法与排列收放工序相同，不再重复介绍。

七、浅层折射定额工作量的计算

浅层折射日定额工作量计算公式为

$$Q_z = K_i \cdot \frac{T - (T_{fd} + T_x)}{T_1}$$

式中　Q_z——日定额工作量，物理点；
　　　K_i——地形类别系数；
　　　T——制度工作时间，单位：min；
　　　T_{fd}——非定额时间，单位：min；
　　　T_x——生理需要时间，单位：min；
　　　T_1——单个物理点平均作业时间，单位：min。

$$T_1 = \frac{6L}{V_1} + \frac{\Delta x}{V_2} + T_j$$

式中　Δx——物理点距，单位：m；
　　　L——浅层折射排列长度，单位：m；
　　　T_j——单个物理点相对动态作业时间，单位：min；
　　　V_1——施工人员行进平均视速度，单位：m/min；
　　　V_2——仪器搬迁平均视速度，单位：m/min。

$$T_j = T_a + T_b + T_c + T_d + T_e + T_f$$

式中　T_a——定点时间，单位：min；
　　　T_b——埋置回收检波器时间，单位：min；
　　　T_c——挖炮坑埋炸药时间，单位：min；
　　　T_d——警戒放炮时间，单位：min；
　　　T_e——仪器操作时间，单位：min；
　　　T_f——整理装车时间，单位：min。

八、微测井定额工作量计算

微测井日定额工作量计算公式为

$$Q_w = K \times (T - T_1 - T_2)/(T_3 + T_4 + T_5)$$

式中　Q_w——微测井日定额工作量，单位：口/d；
　　　K——地类调节系数；
　　　T——制度工作时间，单位：min/d；
　　　T_1——作业宽放时间，单位：min/d；
　　　T_2——生理需要时间，单位：min/d；
　　　T_3——搬迁时间，单位：min/口；
　　　T_4——准结时间，单位：min/口；
　　　T_5——单井作业时间，单位：min/口。

$$T_3 = S/V_Z$$

式中　S——井间距，单位：m/口；
　　　V_Z——钻机搬迁速度，单位：m/min。

$$T_5 = H \div V_i \times H^{1/2} + T_d \times P_{sd}$$

式中　$H^{1/2}$——井深调节系数，山地施工时为$(H/18)^{1/2}$；

H——井深，单位：m/口；
V_i——钻进速度，单位：m/min；
T_d——单炮工作时间，单位：min（2min）；
P_{sd}——单井设计炮数。

九、施工队月工程量的计算

施工队月＝设计总炮数/数据采集日定额工作量/21d。

第四章　钻井系统工程工程量清单计价规范

第一节　一 般 规 则

一、基本要求

（1）本规范适用于各类探井、开发井工程的工程量清单计量与计价。

（2）本规范工程项目为完成一口探井或开发井的钻井系统工程，包括钻前工程、钻井工程、固井工程、录井工程、测井工程、试油（气）工程。

（3）工程量清单计量与报价应包括相应的材料、机具、人力等各种消耗，必须满足工程设计和施工要求。

（4）各清单项目的质量标准都必须达到设计要求及符合石油钻井相关技术质量标准。有新标准代替旧标准时，须按新标准要求计价并保证其新标准质量要求。

（5）工程量清单项目计价时，要根据实际情况考虑该工程井型、井别、井身结构、地质条件、施工环境和施工使用机械等不同因素对费用组成的影响。

（6）本规范工程量清单项目所列工作内容，均为主要工序，计价时必须考虑完成该项目工程的全部工序或工作内容。

（7）本规范所列工程量清单项目的综合单价，应相应计量材料、设备的运输和有关材料及施工条件需进行的各种试验、检验、校对等费用。

（8）本规范所列工程量清单项目的综合单价，应包括相应的为使工程顺利进行或延续所需进行的各种技术措施、施工作业等消耗，如防斜、防垮塌、防卡、防漏、防喷等。

二、工程项目划分

钻井系统工程项目包括钻前工程、钻井工程、固井工程、录井工程、测井工程、试油（气）工程。

1. 钻前工程

钻前工程是为钻机开钻提供必要条件所进行的各项准备工作。工程内容主要包括土建工程（道路和井场修建）、钻前准备工程（供水工程、供电工程、供暖工程、钻井设备搬迁与安装）等。

2. 钻井工程

钻井工程就是按照钻井地质和工程设计规定的井径、方位、位移、深度等要求，从钻机开钻到钻达设计目的层，形成井壁井身，建成油气通道的施工过程，工程内容包括正常钻进、取心钻进、换钻头、接钻杆单根、划眼、起钻、下钻、循环钻井液等钻井作业，以及与固井、录井、测井、井壁取心、中途测试的配合作业，分为一次开钻、二次开钻、三次开钻至多次开钻，钻井液、管具、特殊钻井技术服务和物资供应服务等贯穿于钻井的全过程。

3. 固井工程

固井工程指在钻井完钻电测绘解后，根据绘解结果进行固井设计、下套管、注水泥封固井眼与套管环空的整个过程。工程内容包括导管固井、表层套管固井、技术套管固井、生产套管固井的固井设计、水泥化验、水泥混拌、固井材料运输和注水泥作业。

4. 录井工程

录井工程的主要任务是发现、落实油气显示；评价油气层；进行工程实时监督，做好地层预报，为优质安全钻进提供信息。工程内容包括设备拆迁安、录井作业、化验分析、资料处理解释等。录井方法分为常规录井、气测录井、综合录井、地化录井和其他新方法录井。

5. 测井工程

测井工程就是通过已钻的井眼，用电缆带着仪器，沿井筒连续测量或定点测量地层或井内流体的电特性、磁特性、声学特性、核（放射性）特性、力学特性、热特性等物理量来发现油气层，为评估油气储量及产量提供科学依据，为钻井工程和采油工程质量监测提供依据。工程内容包括测井、电缆地层测试、井壁取心等，测井又分为资料采集、资料处理和资料解释。

6. 试油（气）工程

试油（气）工程就是在钻井发现油、气层后，还需要使油、气层中的油、气流从井底流到地面，并经过测试而取得油、气层产量、压力等动态资料，以及油、气、水性质等工作。工程内容包括常规试油（气）、地层测试、酸化、压裂等。

三、计算工程量前应确定下列各项资料

（1）井别、井型。

（2）井身结构、完井井深、地质层位、完井方式。

（3）钻井地质设计和工程设计提示以及了解邻近井地质资料，确定该井可钻性和可能出现的地层压力、地层倾角、地层压力梯度和中靶区域，充分估计该井可能出现的井漏、井喷、自然造斜和地下水流、穿窿地层、压力异常、膨胀性页岩或其他类似情况等异常可能造成的钻井困难或危险。

（4）钻井施工方式及技术措施，包括固井、测井次数、取心进尺及方法、中途测试等各种技术措施。

（5）钻井设备、材料供应方式，规格、型号及技术要求等。

（6）试油（气）工程设计、压裂或酸化工程设计。

（7）其他相关资料。

第二节 术语解释

一、钻井的定义

石油与天然气埋藏在地下几十米至几千米深的油气层中，把地下的石油与天然气开采到地面上来，需要一个通道，这个通道被称为井眼。利用钻井设备按一定的深度和轨迹向地层钻出一个井眼的工作就叫钻井。

二、有关钻井中"井"的术语

（1）井：用钻机在地层中钻的具有一定深度的圆柱形孔眼。
（2）井深：从转盘补心面至井底钻头所钻进的长度，以米为计量单位。
（3）井径：圆柱形井眼直径的大小，以毫米为单位。
（4）井眼轴线：井眼的中心线。

三、有关岩石的物理机械性质

（1）岩石的可钻性：评价岩石破碎难易程度的综合性指标。
（2）岩石研磨性：岩石磨损与其接触并运动的物体的能力。
（3）岩石渗透率：在一定压差作用下，岩石允许流体通过的能力。

四、有关地层压力的概念

（1）地层压力：地层压力就是埋藏在地下某一深度的岩石孔隙内流体介质（油、气、水）的压力，也称孔隙压力。它的大小与地层埋藏深度和流体的密度有关，深度愈深则压力愈高。
（2）压力梯度：压力梯度就是每单位深度增加的压力值，单位：千帕/米（kPa/m）。大多数压力梯度约为 10.496kPa/m，相当于含盐量为 80000ppm（mg/L）的盐水柱的压力梯度。
（3）正常地层压力：正常地层压力就是地层压力梯度为 10.496kPa/m 的压力。
（4）异常高压：异常高压就是实际地层压力超过正常压力梯度的压力。具有异常高压的油、气、水层，通常称为高压油、气、水层。
（5）异常低压：异常低压就是实际地层压力低于正常压力梯度的压力。具有异常低压的油、气、水层通常称为低压油、气、水层。

五、有关钻井技术的概念

（1）平衡压力钻井：是指作用于井底的液柱压力等于地层孔隙压力情况下进行的钻井。
（2）欠平衡压力钻井：是指作用于井底的液柱压力略低于地层孔隙压力情况下的钻井。
（3）近平衡压力钻井：是指作用于井底的液柱压力略大于地层孔隙压力情况下的钻井。
（4）取心钻井：是用机械方法将所钻地层钻成柱状岩样并从井底取出的钻井。

六、常用的钻井工程术语

开钻：指下入导管或各层套管后第一只钻头开始钻进的统称，并依次称为第一次开钻、第二次开钻……
完钻：指全井钻进阶段的结束，即按设计规定的加深井眼的进尺工作的结束。
进尺：钻头钻进的累计长度，单位：米。

七、主要速度指标

（1）钻井周期：从第一次开钻到全井钻进结束所用的时间，以钻机台月、天或小时表示。
（2）建井周期：又称完成井建井周期，从钻机搬迁安装到完成井止的全部时间。

$$建井周期 = 搬安时间 + 钻进时间 + 完井时间$$

八、工程计价术语

（1）测井作业中基本计量单位为测量米、深度米和计价米。

测量米：在测井施工中每个项目沿井轴每测量一米为该项目一个测量米。

深度米：在测井施工中每个项目沿井轴每下深一米为该项目一个深度米。计算深度米时以该项目的最深记录点到转盘面的井深为准。

计价米：即测量米和深度米之和。当某个测井项目的深度米和测量米为同一价格时，即可称为该项目计价米价格。

测井作业费用计量单位为元/计价米、元/测量米、元/深度米。

（2）射孔作业中基本计量单位为射孔米、深度米。

射孔米：在井筒中每射开一米地层为一个射孔米。

深度米：在射孔施工中，射孔枪身沿井轴每下深一米为一个深度米。每下井一次无论枪身长度是多少，只计一次深度米。

射孔作业费用计量单位为元/射孔米、元/深度米。

（3）井壁取心作业中基本计量单位为取心颗、深度米。

取心颗：在井壁取心施工中每取上一颗岩心为一取心颗。

深度米：在井壁取心施工中，取心枪沿井轴每下深一米为一个深度米。每下井一次只计最深取心点为本次深度米。

取心作业费用计量单位为元/取心颗、元/深度米。

（4）测井资料处理及解释基本计量单位为处理米。

处理米：对测井作业所采集的每项资料（每条曲线）上机处理解释一米为一个处理米，费用计量单位为元/处理米。

第三节 工程量计算规则

钻井系统工程工程量清单计算规则主要考虑五个方面：一是工程施工程序；二是钻井承包商和技术服务商等施工队伍专业化发展趋势；三是钻井系统工程必须能包括目前钻井施工的主要工程内容；四是最小计费单位；五是国际通行模式和惯例。

一、钻前工程量计算规则

钻前工程量清单项目设置及工程量计算规范，应按表4-3-1的规定执行。

表4-3-1 钻前工程（编码 Z100000）

项目编码	项目名称	项目特征	计量单位	工程量计算规则	工程内容
Z110000	土建工程		口	按口井计算	
Z111000	井场踏勘	区块	km	按驻地与井场里程计算	井场地貌等自然条件勘察等
Z112000	道路修建		口	按口井计算	

续表

项目编码	项目名称	项目特征	计量单位	工程量计算规则	工程内容
Z112100	道路	区块	km	按设计计算	临时道路标高测量、画线定桩、挖填土石方、测量找平、平整、碾压、铺垫、砌筑堡坎、构筑临时道路护坡等
Z112200	桥涵	(1) 桥涵类型、级别、长度 (2) 地形	座	按设计计算	测量，挖填土方，铺设涵管，修筑路面，加固护坡，或用钢管排及预制混凝土块加固桥涵承重表面
Z113000	井场修建		口	按口井计算	
Z113100	井场及生活区平整	(1) 区块 (2) 钻机级别	m²	按设计钻机级别占地标准计算	井场测量、推土、平整、余土清理和转移等
Z113200	池类修建	(1) 地形 (2) 地类 (3) 钻机级别	m³	按泥浆池、污水池设计容积计算	挖、填、运、回填、压实、砌筑、防腐等
Z113300	设备基础		口	按口井计算	
Z113301	活动基础	钻机级别	块	按不同钻机级别规定基础数量计算	基础收、运、摆等
Z113302	现浇基础	钻机级别	块	按不同钻机级别规定基础数量计算	备料、放线、测量、挖、填土方，浆砌条石基础，钢筋加工及制作，砼搅拌及浇筑，安装模板、测量找平、浇制基础面、基础面抹平及养护等
Z120000	钻前准备		口	按口井计算	
Z121000	设备动迁		口	按口井计算	
Z121100	设备拆安	(1) 区块 (2) 钻机级别	井次	按钻机类型计算	井架、钻机、机泵、循环系统等设施的拆、安
Z121200	设备搬迁	(1) 区块 (2) 钻机级别	井次或 t·km	按钻机类型、搬迁里程计算	设备及附属设施搬迁（包括井架、钻机、泥浆泵、柴油机、发电机、压风机、活动基础、机房、野营房等）

续表

项目编码	项目名称	项目特征	计量单位	工程量计算规则	工程内容
Z122000	井场供水、电、热		口	按口井计算	
Z122100	井场供水	(1) 区块 (2) 供水方式	m 或口	管线供水长度按泵站到井场的供水管线长度计算，打水井供水按口井计算	施工场地内供水管汇的安装、拆除和泵站维护
Z122200	井场供电	(1) 区块 (2) 钻机类型	口	按不同钻机类型计算	井场、生活区照明、动力设备等用电线路及用电器连接、拆安及搬迁
Z122300	井场供热	(1) 区块 (2) 钻机级别	井次	按设计要求计算	锅炉及管汇的搬迁、安装、检修等

二、钻井工程量计算规则

钻井工程量清单项目设置及工程量计算规则，应按表 4-3-2 的规定执行。

表 4-3-2 钻井工程（编码 Z200000）

项目编码	项目名称	项目特征	计量单位	工程量计算规则	工程内容
Z210000	钻进作业		口	按口井计算	
Z211000	正常钻进	(1) 钻井进尺 (2) 岩石可钻性 (3) 钻井工艺 (4) 钻井尺寸、类型	d	按设计周期计算	开钻准备、接钻头、钻进、接钻铤、接钻杆单根、起下钻、循环泥浆、其他辅助性工作等
Z211000	取心钻进	(1) 取心长度 (2) 岩石可钻性 (3) 钻头尺寸、类型	d	按设计周期计算	取心准备、接取心钻头、配钻具、下钻、循环钻井液、接钻杆单根、取心钻进、循环泥浆、割心、起钻及其他辅助性工作等
Z220000	配合作业		口	按口井计算	
Z221000	配合固井	(1) 井型 (2) 固井方式 (3) 注灰量	d	按设计周期计算	通井、下套管准备、下套管、灌钻井液、循环钻井液、配合固井作业

续表

项目编码	项目名称	项目特征	计量单位	工程量计算规则	工程内容
Z222000	配合测井	(1) 井型 (2) 测量井深 (3) 测井项目	d	按设计周期计算	吊装测井工具、仪器，灌钻井液，吊卸测井工具、仪器
Z223000	配合中途测试	(1) 井型 (2) 测试项目	d	按设计周期计算	下工具准备、连接测试工具、配合钻具、下钻、循环钻井液、接卸钻杆单根、座封、接井口工具、连接流程、测试求产、解封和起卸工具等
Z230000	钻井技术服务		口	按口井计算	
Z231000	钻井液服务	(1) 井别 (2) 井型	d	按设计钻井周期计算	钻井液维护处理、性能检测、钻井液处理剂的保管、净化系统的监督、特殊钻井液的配制、资料整理、总结报告的编写等
Z232000	下套管服务	(1) 套管规格	m	按设计下套管长度计算	检测、安装液压套管钳，下套管对扣和上扣作业，记录每扣上扣扭矩
Z233000	定向井或水平井服务	(1) 井别 (2) 井型 (3) 工具类型	d	按设计服务周期计算	组合定向钻具，实时定向井眼轨迹控制
Z234000	欠平衡钻井服务	(1) 井别 (2) 井型 (3) 工艺方法	d	按设计服务周期计算	安装欠平衡专用设备和工具，实时监控欠平衡钻井眼
Z240000	大宗运输		口	按口井计算	
Z241000	吊装	(1) 区块 (2) 井身结构	次	按设计量计算	套管、钻具、井控装置吊装
Z242000	运输	(1) 区块 (2) 井身结构	t·km	按设计重量和实际里程计算	钻具、套管、井控装置、钻井液材料、油料、生产生活用水运输

续表

项目编码	项目名称	项目特征	计量单位	工程量计算规则	工程内容
Z250000	环保处理		口	按口井计算	
Z251000	钻井液无害化处理	(1) 区块 (2) 钻机级别	m^3	按实际发生量计算	污水净化，钻井液固化，拉运钻井岩屑等污染物
Z252000	地貌恢复	(1) 区块 (2) 钻机级别	m^2	按井场、生活区占地标准计算	恢复井场、生活区地貌

三、固井工程量计算规则

固井工程量清单项目设置及工程量计算规则，应按 4-3-3 的规定执行。

表 4-3-3 固井工程（编码 Z300000）

项目编码	项目名称	项目特征	计量单位	工程量计算规则	工程内容
Z310000	水泥化验	化验项目	次	按设计化验项目计算	化验检测前准备、油井水泥及外加剂取样、油井水泥养护、稠化实验、抗压强度实验、失水及游离液实验、流动度实验、初终凝实验等
Z320000	水泥混拌	混拌方法	t	按设计水泥与外加剂用量计算	施工准备、水泥和添加剂入罐、混配作业、取样、装灰等
Z330000	套管检测	(1) 套管规格 (2) 套管长度	m	按设计套管长度计算	套管试压，探伤等
Z340000	固井作业		口	按口井计算	
Z341000	路途行驶	(1) 区块 (2) 设备类型	km	按驻地至井场里程计算	设备搬迁准备、施工车辆路途行驶、井场准备
Z342000	固井施工	(1) 注灰量 (2) 施工方法	次	按设计数量计算	摆放车辆及设备、连接管汇、吊装注水泥装置、备水、配前置液及隔离液、配水泥添加剂、试压、注前置液、注水泥浆、注隔离液、替液、观察、卸井口装置等

四、录井工程量计算规则

录井工程量清单项目设置及工程量计算规则，应按表4-3-4的规定执行。

表4-3-4 录井工程（编码 Z400000）

项目编码	项目名称	项目特征	计量单位	工程量计算规则	工程内容
Z410000	井位测量	(1) 区块 (2) 仪器类型	km	按基地至井场里程计算	测量准备，测量，找点，定位等
Z420000	设备动迁	(1) 井别 (2) 录井方式	km	按基地至井场里程计算	动迁准备，装车，捆车，设备、人员动迁等
Z430000	录井作业		口	按口井计算	
Z431000	常规地质录井	(1) 井别 (2) 井型	d	按设计录井周期计算	钻时、岩屑、岩心、荧光、钻井液、钻井液、罐装气和井壁取心录井
Z432000	气测录井	(1) 井别 (2) 井型	d	按设计录井周期计算	随钻气测录井、循环钻井液气测录井和定量钻井液全脱气分析，资料整理和解释
Z433000	综合录井	(1) 井别 (2) 井型	d	按设计录井周期计算	测量大钩负荷、转盘扭矩和转速、泵冲、钻井液温度和密度等实时参数及全烃、钻井液电阻率等迟到参数，计算井深、钻时、钻压等基本参数，分析页岩密度、灰质含量，整理资料等
Z434000	地化录井	(1) 井别 (2) 井型	d	按设计录井周期计算	选取与处理样品，录取储集岩和烃源岩参数，处理数据，资料解释，储层评价和生油岩评价
Z440000	油气分析化验	(1) 井别 (2) 化验项目	块或个	按地质设计确定	测定岩石孔隙度、岩石渗透率、岩石饱和度，油气水化验分析，测定生油指标

续表

项目编码	项目名称	项目特征	计量单位	工程量计算规则	工程内容
Z450000	资料处理解释	(1) 井别 (2) 井型	口	按地质设计要求确定	整理原始录井资料，编写完井地质总结报告、录井解释成果表、各项水油分析化验报告及按设计要求应提交的有关录井项目的总结报告、专题研究报告、解释成果表及图件、校对、审核、打印装订

五、测井工程量计算规则

测井工程量清单项目设置及工程量计算规则，应按表4-3-5的规定执行。

表4-3-5 测井工程（编码 Z500000）

项目编码	项目名称	项目特征	计量单位	工程量计算规则	工程内容
Z510000	测井		口	按口井计算	
Z511000	路途行驶	区块	km	按驻地至井场往返里程计算	设备、人员动迁准备，路途行驶
Z512000	测井作业	(1) 井别 (2) 井型 (3) 测井系列	m	按测量米和深度米计算	摆车，吊装井口，起下仪器，资料采集，吊换测井井下仪器，现场资料验收整理，拆卸井口装置等
Z513000	资料处理解释	(1) 井别 (2) 井型 (3) 测井系列	m	按工程地质设计计算	资料收集、检验、进机处理，成果解释、校对、审核，编写成果报告，数据拷贝等
Z520000	电缆地层测试		口	按口井计算	
Z521000	路途行驶	区块	km	按驻地至井场往返里程计算	动迁准备，路途行驶
Z522000	测试作业	(1) 井别 (2) 井型	点或桶	测压按设计点数计算，取样按设计桶数计算	摆车，吊装井口装置，起下仪器，仪器座封，地层压力数据的采集，地层流体的采样，井口取样，现场资料验收，拆卸井口装置等

— 53 —

续表

项目编码	项目名称	项目特征	计量单位	工程量计算规则	工程内容
Z530000	井壁取心		口	按口井计算	
Z531000	路途行驶	区块	km	按驻地至井场往返里程计算	动迁准备，路途行驶
Z532000	井壁取心作业	(1) 井别 (2) 井型 (3) 取心方式	颗	按设计取心颗数计算	摆车，井口安装，取心器准备，下井仪器的连接、地面仪器调校、伽玛测井、取心施工操作，现场资料验收整理，拆卸井口装置等

六、试油（气）工程量计算规则

试油（气）工程量清单项目设置及工程量计算规则，应按表4-3-6的规定执行。

表4-3-6　试油（气）工程（编码 Z600000）

项目编码	项目名称	项目特征	计量单位	工程量计算规则	工程内容
Z610000	常规试油（气）		口	按口井计算	
Z611000	动迁	(1) 区块 (2) 作业机类型	t·km	搬迁运输车辆里程按作业队驻地至井场的往返里程计算	装车、绑车、运输、卸车等
Z612000	试油（气）作业	(1) 井别 (2) 井型 (3) 井深 (4) 套管尺寸	d	按设计作业周期计算	施工准备、通洗井、配合射孔、排液、求产、试井、其他配合作业、封层上返、倒残液、收尾完井等
Z613000	试井	井深	次	按设计要求项目计算	高压物性取样、测井温等
Z620000	射孔		口	按口井计算	
Z621000	路途行驶	区块	km	按驻地至井场往返里程计算	动迁准备，路途行驶

— 54 —

续表

项目编码	项目名称	项目特征	计量单位	工程量计算规则	工程内容
Z622000	射孔作业	(1) 井型 (2) 射孔方式 (3) 枪型、弹型 (4) 孔密	m	按设计射孔段长度和射孔深度计算	摆车、吊装射孔井口装置、通井、套管节箍定位、装枪、连接、安装起爆器、下井、校深、引爆、回收等
Z630000	地层测试		口	按口井计算	
Z631000	完井测试		口	按口井计算	
Z631100	工具运输	区块	km	按驻地至井场往返里程计算	动迁准备，路途行驶
Z631200	测试作业	(1) 井型 (2) 测试类型 (3) 测试工具 (4) 井下环境	层	按设计层数计算	现场准备、安装、连接地面测试装置、管汇，组装、连接井下测试工具、协助作业队下入测试工具管串、坐封、连接井口、地面装置、测试施工、施工收尾等
Z632000	地面计量		口	按口井计算	
Z632100	设备运输	区块	km	按驻地至井场往返里程计算	设备吊装，路途行驶，卸车
Z632200	计量作业	分离器规格	d	按设计计量周期计算	按设计要求计量作业
Z640000	压裂酸化		口	按口井计算	
Z641000	酸化		口	按口井计算	
Z641100	路途行驶	区块	km	按驻地至井场往返里程计算	动迁准备，路途行驶
Z641200	酸化作业	(1) 井型 (2) 泵车类型 (3) 施工规模 (4) 施工水马力 (5) 泵注时间	次	工程量按设计次数计算。其中施工规模按设计数量计算，施工水马力按设计压力、排量计算，泵注时间按液量除以排量计算	上罐，备液，现场配液，摆车，设备试运转，低压替酸，启动封隔器，高压挤酸液和顶替液，关井反应，拆卸井口装置和管汇，倒残液，酸化设备退出井场等

— 55 —

续表

项目编码	项目名称	项目特征	计量单位	工程量计算规则	工程内容
Z642000	压裂		口	按口井计算	
Z642100	路途行驶	区块	km	按驻地至井场往返里程计算	动迁准备，路途行驶
Z642200	压裂作业	(1) 井型 (2) 泵车类型 (3) 施工规模 (4) 施工水马力 (5) 泵注时间	次	工程量按设计次数计算。其中施工规模按设计数量计算，施工水马力按设计压力、排量计算，泵注时间按液量除以排量计算	上罐，备液，现场配液，摆车，设备试运转，测试压裂，泵前置液，加砂压裂，高压挤顶替液，放喷，拆卸井口装置和管汇，倒残液，压裂设备退出井场等

第四节　工程量清单格式

一、钻井系统工程工程量清单格式

钻井系统工程工程量清单格式应由下列内容组成：
(1) 封面（表4-4-1）。
(2) 填表须知（表4-4-2）。
(3) 总说明（表4-4-3）。
(4) 分部分项工程量清单（表4-4-4至表4-4-9）。
(5) 措施项目清单（表4-4-10）。
(6) 其他项目清单（表4-4-11）。
(7) 零星工作项目清单（表4-4-12）。

二、工程量清单格式的填写

工程量清单格式的填写应符合下列规定：
(1) 工程量清单应由招标人填写。
(2) 填表须知除本规范内容外，招标人可根据具体情况进行补充。
(3) 总说明应按规定内容填写。

表 4-4-1 工程量清单封面格式

_____钻井系统工程

工 程 量 清 单

招 标 人：_____ （单位签字盖章）

法定代表人：_____ （签字盖章）

委托代理人：_____ （签字盖章）

造价工程师
及注册证号：_____ （签字盖执业专用章）

编制时间：_____

表 4-4-2 工程量清单及其计价格式填表须知

填 表 须 知

(1) 工程量清单及其计价格式中所有要求签字、盖章的地方，必须由规定的单位和人员签字、盖章。

(2) 工程量清单及其计价格式中的任何内容不得随意删除或涂改。

(3) 工程量清单计价格式中列明的所有需要填报的单价和合价，投标人均应填报，未填报的单价和合价，视为此项费用已包含在工程量清单的其他单价和合价中。

(4) 金额（价格）均应以_____币表示。

表 4-4-3　总说明

工程名称：

(1) 工程概况：井号、区块、地理位置（区块里程）、井别、井型、设计井深、目的层位、井斜角、地层岩性、地层层系、设计钻井周期、井身结构、取心要求、钻井液体系、钻井液密度、井控级别、固控净化级别、录井方法、测井系列、试油（气）方法、措施改造方法、设计钻机级别等。

(2) 工程招标和分包范围。

(3) 工程量清单编制依据。

(4) 工程质量、技术标准、主要材料及施工等特殊要求。

(5) 招标人自行采购的材料名称、规格型号及数量。

(6) 自行采购材料的金额数量。

(7) 其他需说明的问题。

表 4-4-4 钻前工程量清单

工程名称：

序号	项目编码	项目名称	计量单位	数量	备注
一		土建工程	口		
1		井场踏勘	口		
2		道路修建	km		
3		井场修建	口		
4		设备基础	块		注明基础类型
5		井场及生活区平整	m²		
6		池类修建	m³		
二		钻前准备	口		
1		设备搬迁	km		
2		井场供水、电、暖	口		
		……			

表 4-4-5 钻井工程量清单

工程名称：

序号	项目编码	项目名称	计量单位	数量	备注
一		钻进及配合作业	d		
(一)		一开	d		
1		正常钻进	d		
2		配合固井	d		
(二)		二开	d		
1		正常钻进	d		
2		取心钻进	d		
		……			
二		钻井技术服务	d		
三		大宗运输	t·km		
四		环保处理	口		
		……			

表 4-4-6 固井工程量清单

工程名称：

序号	项目编码	项目名称	计量单位	数量	备注
一		表层固井			
1		水泥化验			
2		水泥混拌			
3		套管检测			
4		固井作业			
二		技层固井			
		……			

表4-4-7 录井工程量清单

工程名称：

序号	项目编码	项目名称	计量单位	数量	备注
一		井位测量	km		
二		设备动迁	km		
三		录井作业			
1		常规地质录井	d		
2		综合录井	d		
		……			
四		油气分析化验	口		
		……			
五		资料处理解释	口		

表4-4-8 测井工程量清单

工程名称：

序号	项目编码	项目名称	计量单位	数量	备注
一		测井	口		注明测井测量段
（一）		小数控系列	井次		
1		自然电位	m		
		……			
（二）		CSU系列	井次		
1		自然电位	m		
		……			
二		电缆地层测试	口		
1		测试深度	m		
2		测压	点		
3		取样	桶		
三		井壁取心	口		
1		取心深度	m		
2		取心颗数	颗		

— 60 —

表 4－4－9 试油（气）工程量清单

工程名称：

序号	项目编码	项目名称	计量单位	数 量	备 注
一		常规试油（气）	口		常规试油（气）注明工艺方法；射孔注明射孔方式、射孔枪规格、孔密、夹层枪长度；地层测试注明测试方法、测试工具、井下环境；压裂酸化注明工艺方法、施工规模、施工水马力、泵注时间
（一）		试油（气）作业	层		
1		施工准备	d		
		……			
（二）		试井	层		
1		高压物性取样	次		
		……			
二		射孔	口		
1		射孔深度	m		
2		射孔长度	m		
三		地层测试	层		
四		压裂酸化	次		

表 4－4－10 措施项目清单

工程名称：

序号	项目名称	计量单位	数 量	备 注

表 4－4－11 其他项目清单

工程名称：

序号	项目名称	计量单位	数 量	备 注

表 4-4-12 零星工作项目清单

工程名称：

序号	名　称	计量单位	数　量
一	人工 ……		
二	材料 ……		
三	机械 ……		

第五节　工程量清单计价格式

一、钻井系统工程量清单计价格式

工程量清单计价格式应由下列内容组成（表4-5-1至表4-5-71）：
(1) 封面。
(2) 投标总价。
(3) 工程项目总价表。
(4) 单位工程费汇总表。
(5) 主要材料、工具清单计价表。
(6) 分部分项工程量清单计价表。
(7) 综合单价分析表。
(8) 设备配备表。
(9) 队伍人员配备表。
(10) 措施项目清单计价表。
(11) 其他项目清单计价表。
(12) 零星工作项目清单计价表。

二、工程量清单计价格式的填写应符合下列规定

(1) 工程量清单计价格式应由投标人填写。
(2) 封面应按规定内容填写、签字、盖章。
(3) 投标总价应按工程项目总价表合计金额填写。
(4) 工程项目总价表。表中单位工程名称应按单位工程费用汇总表的工程名称填写。表中单位工程金额应按单位工程费用汇总表的合计金额填写，措施项目金额、其他项目金额、零星项目金额应按相应项目合计金额填写。
(5) 单位工程费用汇总表中的金额应分别按照分部分项工程工程量清单计价表合计金额和按有关规定计算的规费、税金填写。
(6) 分部分项工程量清单计价表中的序号、项目编码、项目名称、计量单位、工程数量必须按分部分项工程量清单中相应内容填写。
(7) 措施项目清单计价表中的序号、项目名称、计量单位、工程数量按措施项目清单中相应内容填写。
(8) 其他项目清单计价表中序号、项目名称按其他项目清单的相应内容填写。
(9) 零星工作项目清单计价表中的人工、材料、机械的名称、计量单位和相应数量按零星工作项目表中的相应内容填写。
(10) 日费单价分析表、设备配备表、队伍人员配备表、主要材料单价分析表应由招标人根据需要提出要求后填写。

表 4-5-1　工程量清单报价封面

_____钻井系统工程

工程量清单报价表

投　标　人：_____（单位签字盖章）

法定代表人：_____（签字盖章）

造价工程师
及注册证号：_____（签字盖执业专用章）

编制时间：_____

表 4-5-2 投标总价

投 标 总 价

建设单位：_____

工程名称：_____

投标总价（小写）：_____

（大写）_____

投 标 人：_____（单位签字盖章）

法定代表人：_____（签字盖章）

编制时间：_____

表4-5-3 工程项目总价

工程名称：

序号	项目名称	金额（元）
一	单位工程费用合计	
1	钻前工程	
2	钻井工程	
3	固井工程	
4	录井工程	
5	测井工程	
6	试油（气）工程	
二	措施项目费用合计	
三	其他项目费用合计	
四	零星项目费用合计	
	合　　计	

表4-5-4 钻前工程费汇总表

工程名称：

序号	项目名称	金额（元）
1	土建工程	
2	钻前准备	
3	税金	
	合　　计	

表 4-5-5 钻前工程分项工程量清单计价表

工程名称：

序号	项目编码	项目名称	计量单位	数量	金额（元）	
					综合单价	合价
一		土建工程				
（一）		井场踏勘	口			
（二）		道路修建	km			
1		道路	km			
2		桥涵	座			
（三）		井场修建				
1		井场平整	m²			
2		生活区平整	m²			
3		池类修建	m³			
4		设备基础	块			
二		钻前准备				
（一）		设备动迁				
1		设备拆安	井次			
2		设备运输	t·km			
（二）		供水、电、热				
1		管线供水	km			
2		打水井	口			
3		井场供电	口			
4		井场变配电安装	井次			
5		井场供热	井次			
		……				
		本页小计				
		合　计				

— 67 —

表 4-5-6　钻井工程费汇总表

工程名称：

序号	项目名称	金额（元）
一	钻井材料	
1	钻头	
2	钻井液	
二	钻具使用	
三	钻井作业	
四	钻井技术服务	
五	大宗运输	
六	环保处理	
七	税金	
	合　计	

表 4-5-7　钻头材料清单计价表

工程名称：

序号	钻头尺寸	钻头类型	计量单位	数量	金额（元） 单价	金额（元） 合价
一	钻进钻头					
1	445mm		只			
2	311mm		只			
	……					
二	取心钻头					
	……					
	本页小计					
	合　计					

表 4-5-8　钻井液材料清单计价表

工程名称：

序号	材料名称	代号	计量单位	数量	金额（元） 单价	金额（元） 合价
1	重晶石粉		t			
	……					
	本页小计					
	合　计					

表 4-5-9　钻具使用清单计价表

工程名称：

序号	项目名称	计量单位	数 量	金额（元）	
				综合单价	合价
1	钻具摊销	m			
2	钻具修理	m			
	本页小计				
	合　　计				

表 4-5-10　钻进及配合作业清单计价表

工程名称：

序号	项目编码	项目名称	计量单位	数 量	金额（元）	
					综合单价	合价
一		一开	d			
1		正常钻进	d			
2		下套管及固井	d			
二		二开	d			
1		正常钻进	d			
2		取心钻进	d			
3		下套管及固井	d			
4		配合测井	d			
5		中途测试	d			
三		三开	d			
		……	d			
		本页小计	d			
		合　　计	d			

表 4-5-11 钻井技术服务清单计价表

工程名称：

序号	项目编码	项目名称	计量单位	数量	金额（元）	
					综合单价	合价
一		钻井液服务	d			
二		下套管服务	m			
三		定向井（水平井）服务				
1		MWD	d			
2		涡轮钻具	d			
3		工具运输	km			
四		欠平衡钻井				
1		空气（氮气）服务	d			
2		低密度钻井液	d			
3		设备运输	t·km			
		……				
		本页小计				
		合　　计				

表 4-5-12 大宗运输清单计价表

工程名称：

序号	项目编码	项目名称	计量单位	数量	运输里程（km）	金额（元）	
						综合单价	合价
一		吊装	口				
1		钻具	t				
2		套管	t				
3		井控装置	t				
二		运输	口				
1		钻具	t				
2		套管	t				
3		井控装置	t				
4		钻井液材料	t				
5		油料	t				
6		生产生活用水	t				
		……					
		本页小计					
		合　　计					

表4-5-13 环保处理清单计价表

工程名称：

序号	项目编码	项目名称	计量单位	数量	金额（元）	
					综合单价	合价
一		钻井液无害化处理	m^3			
二		地貌恢复	m^2			
		……				
		本页小计				
		合　计				

表4-5-14 钻井日费分析表

工程名称：

序号	项　目	计量单位	钻进（元）	辅助作业（元）	待命（元）
一	直接费	d			
（一）	人工费	d			
（二）	材料费	d			
1	柴油	d			
2	机油	d			
3	水电	d			
4	井口工具	d			
5	其他材料	d			
（三）	设备使用费	d			
1	折旧费	d			
2	设备修理费	d			
3	固控摊销	d			
4	井控摊销	d			
5	井控修理费	d			
6	野营房摊销费	d			
（四）	其他直接费	d			
1	日常运输费	d			
2	通讯费	d			
3	保温费用	d			
4	其他费用	d			
二	间接费	d			
1	企业管理费	d			
2	健康安全环保费	d			
3	科技进步发展费	d			
三	风险费	d			
四	利润	d			
	合　计	d			

表 4–5–15 MWD（LWD）日费分析表

工程名称：

序号	项　目	计量单位	服务（元）	待命（元）	备　注
一	直接费	d			注明服务人数
1	人工费	d			
2	工具摊销费	d			
3	其他直接费	d			
	……				
二	间接费	d			
1	企业管理费	d			
2	健康安全环保费	d			
3	科技进步发展费	d			
三	风险费	d			
四	利润	d			
	合　计	d			

表 4–5–16 螺杆（涡轮）钻具日费分析表

工程名称：

序号	项　目	计量单位	服务（元）	待命（元）	备　注
一	钻具摊销费	d			
二	间接费	d			
1	企业管理费	d			
2	健康安全环保费	d			
3	科技进步发展费	d			
三	风险费	d			
四	利润	d			
	合　计	d			

表 4–5–17 气体钻井服务日费分析表

工程名称：

序号	项　目	计量单位	服务（元）	待命（元）	备　注
一	直接费	d			注明服务人数
1	人工费	d			
2	设备摊销费	d			
3	其他直接费	d			
	……				
二	间接费	d			
1	企业管理费	d			
2	健康安全环保费	d			
3	科技进步发展费	d			
三	风险费	d			
四	利润	d			
	合　　计	d			

表 4–5–18 钻井设备配备表

工程名称：

序号	设 备 名 称	规格型号	单位	数量	资产原值（元）	启用日期	备　注
一	提升设备						
1							
2							
二	旋转设备						
1							
2							
三	动力设备						
1							
2							
四	循环设备						
1							
2							
五	井控设备						
1							
2							
六	固控设备						
1							
2							
七	其他设备						
1							

表 4-5-19　水平井特殊工具配备表

工程名称：

序号	工具名称	规格型号	单位	数量	资产原值（元）	启用日期	备注

表 4-5-20　气体钻井设备配备表

工程名称：

序号	设备名称	规格型号	单位	数量	资产原值（元）	启用日期	备注

表 4-5-21　钻井队人员资历表

工程名称：

序号	岗位	姓名	性别	年龄	学历	工龄	在岗时间	技术等级	上岗证号	井控证号	备注

表 4-5-22　固井工程费用汇总表

工程名称：

序号	项目名称	金额（元）
一	固井材料	
二	水泥试验	
三	水泥混拌	
四	套管检测	
五	路途行驶	
六	固井作业	
七	税金	
	合　计	

表 4-5-23　固井主要材料清单计价表

工程名称：

序号	材料名称	规格型号	计量单位	数量	单价	合价
一	表层					
1	套管		t			
2	水泥		t			
3	专用工具					
	……					
二	技层					
1	套管		t			
2	套管附件					
①	扶正器		只			
	……					
3	水泥		t			
4	水泥外加剂		t			
	……		t			
三	油层					
1	套管		t			
	……					
	本页小计					
	合　计					

表 4-5-24　水泥试验清单计价表

工程名称：

序号	项目编码	项目名称	计量单位	数量	金额（元）	
					综合单价	合价
一		表层				
1		稠化时间实验	次			
		……				
二		技术层				
1		稠化时间实验	次			
		……				
		本页小计				
		合　　计				

表 4-5-25　水泥混拌清单计价表

工程名称：

序号	项目编码	项目名称	计量单位	数量	金额（元）	
					综合单价	合价
一		表层水泥混拌	t			
二		技术层水泥混拌	t			
三		油层水泥混拌	t			
		……				
		本页小计				
		合　　计				

表 4-5-26　套管检测清单计价表

工程名称：

序号	项目编码	项目名称	计量单位	数量	金额（元）	
					综合单价	合价
一		表层套管	m			
二		技术套管	m			
三		油层套管	m			
		……				
		本页小计				
		合　　计				

表4-5-27 固井作业清单计价表

工程名称：

序号	项目编码	项目名称	规模（t）	计量单位	数量	金额（元）	
						综合单价	合价
一		固井施工					
1		表层固井		次			
2		技术层固井		次			
		……					
二		路途行驶					
1		表层固井		km			
2		技术层固井		km			
		……					
		本页小计					
		合　　计					

表4-5-28 固井施工作业综合单价分析表

工程名称：

序号	设备名称	规格型号	计量单位	数量	金额（元）	
					单价	合价
一	表层固井					
1	水泥车		台时			
	……					
二	技术层固井					
1	水泥车		台时			
	……					

表4-5-29 固井设备路途行驶综合单价分析表

工程名称：

序号	设备名称	规格型号	计量单位	数量	金额（元/公里）	
					单价	合价
一	表层固井					
1	水泥车		台			
	……					
二	技术层固井					
1	水泥车		台			
	……					

表 4-5-30　固井作业设备配备表

工程名称：

序号	设备名称	规格型号	单位	数量	资产原值（元）	启用日期	备注
一	表层固井						
1	水泥车						
	……						
二	技术层固井						
1	水泥车						
	……						
三	油层固井						
1	水泥车						
	……						
四	尾管固井						
1	水泥车						
	……						

表 4-5-31　录井工程费用汇总表

工程名称：

序号	项目	金额（元）
一	井位测量	
二	动迁	
三	录井作业	
四	分析化验	
五	资料处理解释	
六	税金	
	合　计	

表 4-5-32　井位测量清单计价表

工程名称：

序号	项目编码	项目名称	计量单位	数量	金额（元）	
					综合单价	合价
一		井位测量	km			
		本页小计				
		合　计				

— 78 —

表 4-5-33 录井动迁清单计价表

工程名称：

序号	项目编码	项目名称	计量单位	数量	金额（元）	
					综合单价	合价
1		常规地质录井	km			
2		气测录井	km			
3		综合录井	km			
		……				
		本页小计				
		合　计				

表 4-5-34 录井动迁清单计价表

工程名称：

序号	项目编码	项目名称	计量单位	数量	金额（元）	
					综合单价	合价
1		常规地质录井	d			
2		气测录井	d			
3		综合录井	d			
		……				
		本页小计				
		合　计				

表 4-5-35 分析化验清单计价表

工程名称：

序号	项目编码	项目名称	计量单位	数量	金额（元）	
					综合单价	合价
1		岩石渗透率	块			
2		岩石孔隙度	块			
3		岩石饱和度	块			
4		碳酸盐含量	块			
		……				
		本页小计				
		合　计				

表4-5-36 录井资料处理解释清单计价表

工程名称：

序号	项目编码	项目名称	计量单位	数 量	金额（元）	
					综合单价	合价
1		常规地质录井	口			
2		气测录井	口			
3		综合录井	口			
		……				
		本页小计				
		合　　计				

表4-5-37 测井工程费用汇总表

工程名称：

序号	项　　目	金额（元）
一	测井	
1	路途行驶	
2	测井作业	
3	资料处理解释	
二	电缆地层测试	
三	井壁取心	
四	税金	
	合　　计	

表 4-5-38 测井路途行驶清单计价表

工程名称：

序号	项目编码	项目名称	计量单位	数 量	金额（元）	
					综合单价	合价
一		小数控系列				
1		仪器车	km			
2		工程车	km			
3		……				
二		CSU 系列	km			
1		仪器车	km			
2		工程车	km			
		……				
		本页小计				
		合　　计				

表 4-5-39 测井作业清单计价表

工程名称：

序号	项目编码	项目名称	计量单位	数 量	金额（元）	
					综合单价	合价
一		小数控系列	m			
1		自然伽马	m			
2		双侧向	m			
3		补偿声波	m			
		……				
二		CSU 系列	m			
1		自然伽马	m			
2		双侧向	m			
3		补偿声波	m			
		……				
		本页小计				
		合　　计				

表 4-5-40 测井资料处理解释清单计价表

工程名称：

序号	项目编码	项目名称	计量单位	数量	金额（元）	
					综合单价	合价
1 2		天然气评价 PORP-储层评价 ……	m m			
			本页小计			
			合　　计			

表 4-5-41 电缆地层测试清单计价表

工程名称：

序号	项目编码	项目名称	计量单位	数量	金额（元）	
					综合单价	合价
一 二 1 2 3		动迁 作业 取样 试压 其他	km 样 点 m			
			本页小计			
			合　　计			

表 4-5-42 井壁取心清单计价表

工程名称：

序号	项目编码	项目名称	计量单位	数量	金额（元）	
					综合单价	合价
一 二		动迁 作业	km 颗			
			本页小计			
			合　　计			

表4-5-43 试油（气）工程费用汇总表

工程名称：

序号	项 目 名 称	金额（元）
一	常规试油（气）	
二	射孔	
三	地层测试	
四	压裂酸化	
	……	
	合　　计	

表4-5-44 常规试油（气）清单计价汇总表

工程名称：

序号	项 目 名 称	金额（元）
一	作业工序	
二	材料	
三	其他机械作业	
四	其他机械路途行驶	
五	其他服务	
六	税金	
	合　　计	

表4–5–45 作业工序清单计价表

工程名称：

序号	项目编码	项目名称	计量单位	数量	金额（元）	
					综合单价	合价
一		首试层	d			
1		井距搬家	d			
2		施工准备	d			
3		通洗井	d			
4		试压	d			
5		射孔	d			
6		排液	d			
7		求产	d			
8		配合作业	d			
9		封层	d			
		……				
二		加试层	d			
		……				
		本页小计	d			
		合　计	d			

表4–5–46 材料清单计价表

工程名称：

序号	材料名称	规格型号	计量单位	数量	金额（元）	
					单价	合价
一	首试层					
1	油管					
2	采油树					
3	施工材料					
	……					
二	加试层					
1	油管					
2	采油树					
3	施工材料					
	……					
	本页小计					
	合　计					

表 4-5-47　其他机械作业清单计价表

工程名称：

序号	机械名称	规格型号	计量单位	数量	金额（元）	
					综合单价	合价
一	首试层					
1	吊车		台时			
	……					
二	加试层					
1	压风机		台时			
	……					
	本页小计					
	合　计					

表 4-5-48　其他机械路途行驶清单计价表

工程名称：

序号	机械名称	规格型号	计量单位	数量	行驶里程（km）	金额（元）	
						综合单价	合价
一	首试层						
1	吊车		台				
	……						
二	加试层						
1	压风机		台				
	……						
	本页小计						
	合　计						

表 4-5-49　其他服务清单计价表

工程名称：

序号	项目名称	计量单位	数量	金额（元）	
				综合单价	合价
一	首试层				
1	高压物性取样	次			
	……				
二	加试层				
	……				
	本页小计				
	合　计				

— 85 —

表 4-5-50　常规试油（气）日费单价分析表

工程名称：

序号	项　　目	计量单位	作业（元）	待命（元）	备　注
一	直接费	d			
1	人工费	d			
2	折旧费	d			
3	修理费	d			
4	野营房摊销	d			
5	燃料费	t			
6	一般材料费	d			
7	保温费	d			
8	其他费用	d			
二	间接费	d			
1	企业管理费	d			
2	健康安全环保费	d			
3	科技进步发展费	d			
三	风险费	d			
四	利润	d			
	合　　计	d			

表 4-5-51　常规试油（气）设备配备表

工程名称：

序号	设 备 名 称	规格型号	单位	数量	资产原值（元）	启用日期	备　注
一	井架						
二	作业机						
三	分离器						
四	井控装置						
五	地面加温设备						
六	地面流程						
七	水罐						
八	油罐						
九	其他设备						

表 4-5-52　常规试油（气）作业人员资历表

工程名称：

序号	岗位	姓名	性别	年龄	学历	工龄	在岗时间	技术等级	上岗证号	井控证号	备注

表 4-5-53　射孔清单计价汇总表

工程名称：

序号	项目	金额（元）
一	路途行驶	
二	射孔作业	
三	其他作业	
四	税金	
	合　计	

表 4-5-54　射孔路途行驶清单计价表

工程名称：

序号	项目编码	项目名称	计量单位	数量	综合单价	合价
					金额（元）	
一		第一次				
1		仪器车	km			
2		工程车	km			
二		第二次				
1		仪器车	km			
2		工程车	km			
		……				
		本页小计				
		合　计				

— 87 —

表 4-5-55　射孔作业清单计价表

工程名称：

序号	项目编码	项目名称	计量单位	数量	金额（元） 综合单价	金额（元） 合价
一		第一次				
1		射孔	m			
2		夹层枪	m			
二		第二次				
1		射孔	m			
2		夹层枪	m			
		……				
		本页小计				
		合　　计				

表 4-5-56　地层测试清单计价汇总表

工程名称：

序号	项目名称	金额（元）
一	地层测试	
二	地面计量	
三	其他工具	
四	税金	
	合　　计	

表 4-5-57　地层测试工程量清单计价表

工程名称：

序号	项目编码	项目名称	计量单位	数量	金额（元） 综合单价	金额（元） 合价
一		工具运输	km			
二		测试作业	层			
		……				
		本页小计				
		合　　计				

表 4-5-58　地面计量工程量清单计价表

工程名称：

序号	项目编码	项目名称	计量单位	数量	金额（元）	
					综合单价	合价
一		设备运输	t·km			
二		计量作业	d			
		……				
		本页小计				
		合　　计				

表 4-5-59　其他工具清单计价表

工程名称：

序号	工具名称	规格型号	计量单位	数量	金额（元）	
					单价	合价
1	测试井口		d			
2	电子压力计		支			
3	RD阀		支			
	……					
	本页小计					
	合　　计					

表 4-5-60　地层测试日费报价表

工程名称：

序号	项目名称	计量单位	作业（元）	待命（元）	备注
一	直接费	d			
1	人工费	d			
2	工具摊销费	d			
	……				
二	间接费	d			
1	企业管理费	d			
2	健康安全环保费	d			
3	科技进步发展费	d			
三	风险费	d			
四	利润	d			
	合　　计	d			

表 4-5-61 测试工具、计量设备配备表

工程名称：

序号	设 备 名 称	规格型号	单位	数量	资产原值（元）	启用日期	备 注
一	地层测试						
1	测试器						
2	封隔器						
	……						
二	地面计量						
1	三项分离器						
	……						

表 4-5-62 压裂酸化清单计价汇总表

工程名称：

序号	项 目 名 称	金额（元）
一	主要材料、工具	
二	施工作业	
三	路途行驶	
四	税金	
	合　　计	

表 4-5-63　主要材料、工具清单计价表

工程名称：

序号	材料名称	规格型号	计量单位	数量	金额（元） 单价	金额（元） 合价
一	第一次					
1	酸液或压裂液		m³			
2	支撑剂		t 或 m³			
3	下井工具		套			
①	封隔器		只			
②	水力锚		只			
③	启动器		只			
④	变扣接头		只			
⑤	球座		只			
⑥	滑套		只			
	……					
二	第二次					
1	酸液或压裂液		m³			
2	支撑剂		t 或 m³			
3	下井工具		套			
①	封隔器		只			
②	水力锚		只			
	……					
	本页小计					
	合　计					

表 4-5-64　压裂酸化作业清单计价表

工程名称：

序号	项目编码	项目名称	施工规模（m³）	计量单位	数量	金额（元） 综合单价	金额（元） 合价
一		施工作业					
1		第一次		次			
2		第二次		次			
		……					
二		路途行驶					
1		第一次		km			
2		第二次		km			
		……					
		本页小计					
		合　计					

— 91 —

表 4-5-65　压裂酸化施工作业综合单价分析表

工程名称：

序号	设备名称	规格型号	计量单位	数量	金额（元）	
					单价	合价
一	第一次		HHP·H			
1	压裂车		台时			
2	仪表车		台时			
	……					
二	第二次		HHP·H			
1	压裂车		台时			
2	仪表车		台时			
	……					

表 4-5-66　压裂酸化路途行驶综合单价分析表

工程名称：

序号	设备名称	规格型号	计量单位	数量	金额（元/公里）	
					单价	合价
一	第一次					
1	压裂车		台			
2	仪表车		台			
	……					
二	第二次					
1	压裂车		台			
2	仪表车		台			
	……					

表 4-5-67　压裂酸化设备配备表

工程名称：

序号	设备名称	规格型号	单位	数量	资产原值（元）	启用日期	备注
一	第一次						
1	压裂车						
2	仪表车						
	……						
二	第二次						
1	压裂车						
2	仪表车						
	……						

表 4-5-68 压裂酸化作业人员资历表

工程名称：

序号	岗位	姓名	性别	年龄	学历	工龄	在岗时间	技术等级	上岗证号	井控证号	备注

表 4-5-69 措施项目清单计价表

工程名称：

序号	项目名称	计量单位	数量	综合单价	合价
	合　　计				

金额（元）

表 4-5-70 其他项目清单计价表

工程名称：

序号	项目名称	金额（元）
一	招标人部分	
1	土地征用	
2	项目监理	
3	工程设计	
	小　　计	
二	投标人部分……	
	小　　计	
	合　　计	

— 93 —

表 4-5-71 零星工作项目清单计价表

工程名称：

序号	名 称	单 位	数 量	金额（元）	
				综合单价	合价
一	人工 ……				
	小 计				
二	材料 ……				
	小 计				
三	机械 ……				
	小 计				
	合 计				

第五章　勘探与钻井工程投标报价编制方法

为规范和指导石油天然气勘探与钻井工程招标投标工作，适应石油天然气勘探与钻井工程量清单计价模式的推广与应用，制订《勘探与钻井工程投标报价编制方法》，与《物化探工程工程量清单计价规范》、《钻井系统工程工程量清单计价规范》和《勘探与钻井工程招标评标办法》、《商务部分主要合同条款》配套使用。

第一节　一般要求

（1）投标人应认真阅读招标文件，投标报价文件的编制应对招标文件的实质性要求予以响应。

（2）投标人应按照招标文件要求，编制完整的投标文件，认真填写全部表格，对招标文件规定的表格中内容不得更改。填写文字要清晰，语义要严谨、明确。

（3）投标报价文件应按照招标文件所指定的标准、规范和建议的参考定额、取费标准等计价依据进行编制。若招标文件没有指出建议参考的计价依据，投标人在编制的报价文件中应列出其参考的计价依据或注明自行测定。

（4）工程造价费用组成应根据招标文件的规定进行划分、编制。若招标文件没有明确费用组成的，应参考现行有关规定款项编制。

（5）支付工程进度款及竣工结算、决算时应以物化探工程或钻井系统工程的工程量清单计算规则计量工程量。

（6）编制投标文件时要全面考虑工程造价有关的各项费用，招标文件没有列出的费用应视为已分配到或含在有关的清单项目中，避免漏算。

（7）招标文件工程量清单中所列工程量是投标人共同报价的基础，投标人报价时应严格遵守，不得擅自修改或增减。

（8）投标报价文件正本的各页均应由投标单位的法人代表或授权代表签署或盖名章。

（9）除招标文件另有规定者外，投标报价文件中所有的单价、价格应以人民币填写。

（10）投标报价文件的编制必须严格执行国家、地方政府及行业的政策、法规、法令及有关规定。

（11）投标报价文件中商务标部分的编制必须由取得国家或国家授权的单位颁发的石油天然气勘探与钻井工程预算员资格证的人员承担，并签署编审人员姓名，加盖编审单位公章。

第二节　报价编制

（1）报价文件应根据物化探工程或钻井系统工程的工程量清单计价规范中清单项目的综合单价构成和费用组成确定工程造价。

（2）综合单价（均为含税价）应包括完成工程量清单给定项目所需的一切工作内容的费

用。根据综合单价包括的内容，投标人自行测算确定综合单价。

（3）除规定无需计入投标报价的费用或项目外，其他一切与报价编制有关的因素，均由投标人自行测定，包括在投标报价中。

（4）工程量清单中的每一单项均需填写单价或价格，对投标人没有填写单价或价格的项目费用，将视为投标人不收取这方面的费用或该项费用已包含在工程量清单其他项目的单价或价格中，业主不再另行支付。

（5）除招标文件或合同条款另有约定外，合同价格不因劳务、材料、机械设备或其他影响合同实施成本的事项发生价格变动而进行调整。

（6）其他项目费用是总报价的组成部分。其他项目费用可在工程量清单之外单独列出。其他项目费用应参照物化探工程或钻井系统工程的工程量清单计价规范列项或根据工程项目的具体情况列出。

（7）工程量清单项目计价的工作内容应按物化探工程或钻井系统工程的工程量清单计价规范中的清单项目所综合的项目内容、工作范围确定，严禁拆分或重复计取。

（8）招标人供应的设备材料表中应注明设备材料的名称、规格、型号、单位和供应价格，材料数量由投标人根据自己确定的损耗率进行测算，填报数量并计价。

（9）招标人供应设备材料由物资中转站或储存地运至施工现场的运杂费、现场保管费等，由投标人测算计入投标报价。

（10）招标文件规定投标人自行采购的物资材料应计入投标报价。

（11）投标报价中的错误和招标人不可接受的偏离报价，按以下约定进行修正：

①如报价中用数字表示的数额与用文字表示的数额不一致时，以文字数额为准修正报价。

②当分项工程量与填报的综合单价的乘积与分项合价不一致时，通常以该分项的综合单价为准。除非招标人认为综合单价有明显的小数点错位，此时应以分项合价为准，并修改综合单价。

③当投标人某分项报价高于各投标人该分项报价平均值的50%时，招标人将视该分项报价为不可接受的偏离报价。中标人确定后，招标人将用该段分项报价平均值修正中标人该项偏离报价。但在评标时各投标人的报价不受此修正的影响。

（12）工程量变化的单价调整约定。

①如果工程量清单中的某一清单项目实际完成的工程量与工程量清单中的工程量差在约定的正（负）百分数以内，此项综合单价不做调整，工程结算时按实际完成的合格工程量和原综合单价结算。

②如果某项工程量减少超过约定的百分数时，中标人将要求招标人适当调整或提高该项综合单价百分数；如果某项工程量增多超过约定的百分数时，招标人将要求中标人适当降低或调整该项综合单价百分数。

（13）综合单价的调整约定。

①如果经招标人确认的设计变更与工程量清单中某一项目的内容一致，只涉及工程量的增减，则工程量清单中相应的单项报价可用于计算设计变更的价值。

②如果经招标人确认的设计变更，经招标人确认后，由中标人在规定时间内将变更报价书提交业主或项目监理核定。如果中标人在规定的时间内未提交变更报价书，则业主可认为中标人自动放弃对变更费用及工期的要求。

第三节　投标报价文件的组卷要求

（1）投标报价文件的组成应该按照招标文件的规定组卷。一般的组卷顺序如下：
①投标报价文件封面；
②开标一览表；
③投标书；
④投标保函；
⑤投标报价编制说明；
⑥报价表；
⑦用款计划。

（2）投标人可以在招标文件规定的投标截止日期前以书面的形式修改或撤回其投标报价文件；对投标报价文件内容、价格的修改，应附有相应修改的项目、单价和合价的明细表，并作为投标报价文件资料的一部分。

（3）投标报价文件正本如增添、修改、删除文字，应有投标人法定代表或委托代理人在增添、修改、删除文字处盖章或签字。

（4）投标人报送的投标报价文件应按招标文件的规定进行密封、标志，并按招标文件规定的时间、地点和方式送达招标人。凡在投标截止时间后送到的标书为无效标书，不予接收，原封退回。

（5）在投标截止时间后投标人不能对投标文件进行任何修改。

（6）投标书、承诺书、用款计划需加盖投标人及其法定代表人印章。投标文件正本的每一页均需投标人、法定代表人或委托代理人签字或盖章，委托代理人应附授权委托书。

（7）为便于在开标仪式上宣布投标人的报价和工期，建议在招标文件中给出《开标一览表》的格式。

（8）若招标文件没有规定具体编制版面、格式要求时可按以下要求编制：
①投标报价文件纸张采用胶版印刷纸或复印纸，幅面尺寸为 A4，个别图表可采用 A3 幅面或大于 A4 幅面，但必须折为 A4 幅面，以便统一装订。
②版面字体：正文使用宋体小四号字，章、节大标题使用黑体小二号字，其他小标题（包括表格标题）采用黑体小四号字。
③正文行距采用 1.25 倍。页边距：上边距 30mm，另外 3 个边距为 25mm。
④投标报价文件编制页码，页码采用宋体五号字，距页底边界 20mm，位置居中。
⑤表格内的文字采用宋体，字号与间距可根据表格实际情况适当调整。

（9）投标报价文件应按同一版式编制，即一式几份，在其中一份的右上角注明"正本"，其他份数右上角注明"副本"；如正本与副本出现差异，以正本为准。

（10）投标文件的装订、封面纸张应符合招标文件的规定，一般不用金属材料装订。

（11）投标人在编制投标报价文件时应同时编制电子版报价文件，并采用招标文件规定的软件编辑；若招标文件没有规定编辑软件时，建议文字采用 Microsoft Word 编辑，附表采用 Microsoft Excel 编辑，不便编辑的材料（图片、证件等）可以扫描编辑，以便工程造价资料的存档和积累。

（12）电子版内的资料与投标报价文件文字资料不一致时以文字资料为准。若招标文件要求报送文件资料的同时报送软盘，则软盘要按招标文件要求封装。

第六章　勘探与钻井工程招标评标办法

为规范和指导石油天然气勘探与钻井工程招标投标工作，适应石油天然气勘探与钻井工程量清单计价模式的推广与应用，制订《勘探与钻井工程招标评标办法》，与《物化探工程工程量清单计价规范》、《钻井系统工程工程量清单计价规范》和《勘探与钻井工程投标报价编制方法》、《商务部分主要合同条款》配套使用。

第一节　招标要求

一、工程招标应具备的条件

（1）工程项目按规定已由上级主管部门批准，符合国家或地方政府有关规定，并列入企业年度投资计划。

（2）具有经批准的设计文件和能够满足施工需要的施工图及技术资料。

（3）施工场地的审批、征用、拆迁和其他相关工作已完成，具备施工条件。

（4）工程项目概算已经批准。

（5）资金和主要工程材料、设备来源已经落实。

二、工程招标应准备的相关文件

（1）招标人应提交经有关部门审批的石油天然气物化探工程、油气井工程项目施工申请批准书。

（2）招标人应提交经主管部门审定的工程项目招标标底。

（3）招标文件应包括以下内容：招标邀请书，投标人须知，项目工程量清单，合同条款；地质、工程设计，与工程项目有关的附件。

第二节　评标办法

一、评标组织

（1）由建设单位有关人员和聘请专家组成评标小组。

（2）开标、评标活动在建设单位工程建设招投标领导小组或有关职能办公室的监督下，由招标单位主持进行。

（3）评标小组应在招标文件规定的开标前一天组成。

（4）评标小组的人数可视工程规模大小及难易程度确定，一般工程项目5～7人，重点工程7～15人。

二、评标原则

（1）评标活动应遵循"公平、公正、科学、择优"的原则。
（2）商务标的评标原则和方法应与工程量清单计价模式相适应。
（3）体现合理低价中标原则。
（4）体现投标报价市场化原则。
（5）商务标评标应重点评价总报价的合理性，并评价单项报价的合理性和完整性。
（6）评标办法和评分标准应经评标小组讨论通过，在评委评审各投标文件前确定。

三、评标内容及办法

评标采用百分制，分为技术标和商务标两部分。主要以商务报价、工期、施工方案、质量保证、企业信誉、投标响应等为依据，评标项目分值一般为：
（1）商务报价 40 分；
（2）质量保证及施工业绩 13 分；
（3）项目管理 7 分；
（4）工期 5 分；
（5）施工方案 30 分；
（6）投标响应 5 分；
总分为 100 分。

四、评分标准

1. 商务标部分

（1）根据目前勘探、钻井工程建设的实际，一般采用有标底的招标方式。商务报价的合理范围确定在不高于标底价 5%（含 5%）和不低于标底价 10%（含 10%）之间，超出该范围为废标。
（2）报价接近于标底，在 98%～101%（含 98%～101%）之间得满分 40 分；报价高于标底 1%（不含 1%），每多 0.1 个百分点扣 0.3 分；报价低于标底 2%（不含 2%），每低 0.1 个百分点扣 0.2 分。

2. 技术标部分

（1）质量保证及施工业绩 13 分。投标单位的质量目标达到或超过招标文件要求，可得基本分 4 分，达不到质量目标的本项不得分；投标单位通过 ISO 9000 质量体系认证的得 4 分，没有通过的本项不得分；投标单位近三年内承担过类似工程且工期、质量等符合合同规定要求的得 5 分。
（2）项目管理 7 分。项目经理资质 3 分，投标人的工程项目经理资质等级能满足投标工程项目范围要求的得满分，否则不得分；项目管理机构专业配备合理得 4 分，否则不得分。
（3）施工工期 5 分。投标工期达到招标工期要求的得满分，投标工期大于招标工期不得分。
（4）施工方案 30 分。施工方案应包括以下基本内容：
①主要施工方案科学合理 6 分；
②完善的工程质量保证体系和技术措施 5 分；

③确保安全的技术组织措施 4 分；
④确保工期的技术组织措施 4 分；
⑤合理的劳动力组织计划安排 2 分；
⑥满足施工要求的主要施工机具计划 4 分；
⑦可行的施工进度安排 2 分；
⑧可行的合理化建议并有利于提高工程质量或能节约工程投资 3 分。

(5) 投标响应 5 分。投标书填写签署 1 分；投标报价书齐全、准确 2 分；投标保证金或投标保函 1 分；投标书合格性、完整性 1 分。

评标记分按保留小数点后两位，第三位四舍五入计算。商务标评分用表见表 6-2-1 和表 6-2-2。

五、评标注意事项

(1) 评委应按照《招标投标法》的规定，以公正、公平、科学、择优原则进行评标。

(2) 认真阅读招标文件，并依据招标文件和评标的规定，对投标文件进行严格、科学的综合评审。

(3) 严格保密制度，并签署"保密承诺"，对评标内容予以保密。

(4) 评标期间关闭一切通讯工具，不得私自会客或离开会议场所。不得与局外人、投标人有私下联系。

(5) 在评标规定的工作时间内，在规定场所内阅读、评审投标文件，不能在文件上注解或涂改，必要时可作笔录。

(6) 若有问题，各位评委可写出书面澄清意见，按规定格式填好后交秘书组发出。

(7) 评审过程有讨论、评议时间，各位评委可以发表意见。评分表格，每位评委必须认真打分、签字，必要时可在备注栏中说明。

(8) 评标工作由评标小组组长领导、负责。组长根据各位评委意见及评分结果，写出对推荐中标人之评语，并由秘书组整理成文，成为评标报告。

(9) 在评标报告出来后，应在评标小组上通过并经各位评委签字，若有不同意见，本人可将保留意见写出附后。

(10) 评标结束后，对发给各位评委工作使用之文件，应全部交回。

表6-2-1 工程评标记分表

工程名称：　　　　　　　　　　　评委姓名：　　　　　　　　　　　评分合计：

序号	评 分 内 容	分值	评 分 标 准	得 分
1	商务报价	40		
2	施工方案	30		
3	质量保证及业绩	13		
4	项目管理	7		
5	施工工期	5		
6	投标响应	5		

— 101 —

表 6-2-2 工程评标分汇总表

工程名称：

标号 投标单位	1#标				2#标				3#标		
	总分	其中			总分	其中			其中		
		技术标得分	商务标得分			技术标得分	商务标得分		技术标得分	商务标得分	

评标小组组长签字：

年　月　日

附录 商务部分主要合同条款

为规范和指导石油天然气勘探与钻井工程招标投标工作，适应石油天然气勘探与钻井工程量清单计价模式的推广与应用，制订《商务部分主要合同条款》，与《物化探工程工程量清单计价规范》、《钻井系统工程工程量清单计价规范》和《勘探与钻井工程投标报价编制方法》、《勘探与钻井工程招标评标办法》配套使用。

为了便于应用，这里没有按章节模式编排，共 21 条。实际应用时不一定完全照搬全部条款，可参考使用。

1 总则

1.1 为适应石油天然气勘探与钻井工程量清单招标模式，根据《中华人民共和国招标投标法》、《中华人民共和国合同法》、《中华人民共和国价格法》、建设部、国家工商行政管理局《建设工程施工合同（示范文本）》及有关文件，制订《商务部分主要合同条款》（以下简称"本合同条款"）。

1.2 本合同条款与《物化探工程工程量清单计价规范》、《钻井系统工程工程量清单计价规范》和《勘探与钻井工程投标报价编制方法》、《勘探与钻井工程招标评标办法》配套使用。

1.3 甲乙双方在签订施工合同时，其商务部分条款可根据国家有关法律、行政法规，结合工程实际情况，参考使用本合同条款或适当修订、补充。

2 有关词语定义

2.1 甲方：指在合同中约定具有工程发包主体资格和支付工程价款能力的当事人以及取得该当事人资格的合法继承人。

2.2 乙方：指在合同中约定被甲方接受的具有工程施工承包主体资格的当事人以及取得该当事人资格的合法继承人。

2.3 合同：是指甲乙双方之间为实施工程建设、完成施工作业以及维修本工程所订立的契约。

2.4 工程监理：本合同条款中的工程监理是指实行工程监理的，则为监理单位派出的监理工程师；不实行工程监理的，本条款中工程监理专指甲方派驻施工现场履行合同的代表，其具体职权由甲方在合同有关条款内写明。

2.5 项目经理：乙方在有关合同条款中指定的负责施工管理和合同履行的代表。

2.6 监理单位：指甲方委托的负责本工程监理并取得相应工程监理资质等级证书的单位。

2.7 合同价款：指甲方与乙方在协议书中约定，甲方用以支付乙方按照合同约定完成承包范围内全部工程并承担质量保修责任的费用额度（款项）。

2.8 综合单价：是指在工程量清单中由乙方填报的计入各种费用及摊销费用后的价格。

2.9 工期：指甲乙双方在合同中约定，按照日历天数（包括法定假日）计算的承包天数。

2.10 违约责任：指合同一方不履行合同义务或履行合同义务不符合约定所承担的责任。

2.11 书面形式：指合同书、信件、手写、打印或印刷文件、数据电文（如电报、电传、传真、电子邮件）等可以有形地表现所载内容的形式。

2.12 日（天）：指日历日；台月是指按日历30天计算的日历月。

2.13 施工现场：是指由甲方提供的用于工程施工的场所以及甲方在合同中具体指定的供施工作业使用的任何其他场所。

2.14 材料：是指乙方用于本工程的所有材料，包括实体性消耗、工艺措施性消耗、摊销材料等。

2.15 施工机械设备：是指乙方临时带入现场用于施工作业的机械设备、专用仪器装备及工具。

2.16 单项报价表：是指按照工程量清单和有关规则计算的工程单项报价表。

2.17 索赔：是指在合同履行过程中，对并非己方的过错，而应由对方承担责任的情况造成的实际损失，向对方提出经济补偿和（或）工期顺延的要求。

2.18 不可抗力：指不能预见、不能避免并不能克服的客观情况（战争、地震等自然及非自然事件）。

3 合同文件及解释顺序

3.1 合同文件应能互相解释，互为说明。除另有约定外合同文件由下列文件组成：

3.1.1 合同书；

3.1.2 中标通知书；

3.1.3 投标人的投标文件（含商务报价）；

3.1.4 合同专用条款；

3.1.5 合同通用条款；

3.1.6 标准、规范及有关技术文件；

3.1.7 地质、工程设计；

3.1.8 工程量清单。

合同履行过程中，甲乙双方有关工程的洽商、变更等书面协议或文件视为合同文件的组成部分。

3.2 合同文件解释。

3.2.1 合同文件应被视为是可以相互解释和相互补充的。如果各文件之间出现矛盾，则解释合同文件的优先次序应为3.1款列明的次序。

3.2.2 如果在合同文件中对某些条款双方发生理解上的分歧或模糊不清之处，由甲乙双方协商解决；双方协商不成，按合同争议的约定处理。

4 工程监理的指令

4.1 工程监理的指令（通知）由其本人签字后，以书面形式交给项目经理，项目经理在回执上签署姓名和收到时间后生效；紧急情况时乙方对工程监理的口头指令应予执行，工程监理发出的口头指令应在约定时间内给予书面确认；工程监理不能及时给予书面确认的，乙方应在工程监理发出口头指令的规定时间内提出书面确认要求；工程监理在乙方提出确认要求后在约定时间内不予答复的，视为口头指令已被确认。

4.2 乙方认为工程监理的指令不合理，应在收到指令后的约定时间内向工程监理提出修改指令的书面报告，工程监理在收到报告后在约定时间内做出书面答复通知乙方；紧急情况下工程监理要求乙方立即执行的指令或乙方虽有异议，但工程监理决定仍继续执行的指令，乙方应予执行。因指令错误发生的追加合同条款和给乙方造成的损失由甲方承担，延误的工期相应顺延。

5 开工及延期开工

5.1 乙方应当按照合同约定的开工日期开工；乙方不能按时开工，应当不迟于合同约定的开工日期前15天出书面形式向工程监理提出延期开工的理由和要求；工程监理应当在接到延期开工申请后的规定时间内以书面形式答复。工程监理在接到延期开工申请后的约定时间内不答复，视为同意乙方的要求，工期相应顺延。工程监理不同意延期要求或乙方未在约定的时间内提出延期开工要求，工期不予顺延。

5.2 因甲方的原因不能按照合同约定的开工日期开工，工程监理应以书面形式通知乙方延期开工，甲方赔偿乙方因延期开工造成的损失，并相应顺延工期。

6 工期延误

6.1 因以下原因造成的工期延误，经工程监理确认，工期相应顺延：
6.1.1 甲方未能按照合同约定提供设计及开工条件；
6.1.2 甲方未能按照合同约定日期支付工程预付款、进度款，致使施工不能正常进行；
6.1.3 工程监理未按合同约定提供所需的指令，致使施工不能正常进行；
6.1.4 设计变更和工程量增加；
6.1.5 因非乙方原因而停水、停电等造成停工累计超过双方约定时间的；
6.1.6 不可抗力；
6.1.7 合同约定或甲方同意工期顺延。

6.2 乙方在6.1款中的情况发生后约定时间内，就延误的工期以书面形式向甲方提出报告。甲方在收到报告后规定时间内予以确认，逾期不予以确认也不提出修改意见，视为同意延期。

6.3 若因乙方原因而未能在约定的日期开工、竣工，乙方应向甲方支付工期违约赔偿费。误期赔偿费最高限额不超过在合同中约定数额。对工程项目提前竣工，甲、乙双方可以在合同有关条款中约定是否给予奖励以及具体奖励数额。

7 工程质量检查

7.1 工程质量检查因乙方的原因达不到合同约定标准，由乙方承担返工和重新施工的费用，工期不予顺延。

7.2 甲方的工程监督、检查检验不应影响施工正常进行。工程质量检查不合格时，因检查影响正常施工的费用由乙方承担；除此之外工程监督、检查检验影响正常施工的追加合同价款由甲方承担，工期相应顺延。

8 工程预付款

8.1 实行工程预付款的，甲乙双方应当在专用条款内约定支付工程预付款的时间和数额，开工后按约定的时间和比例逐次扣回。

8.2 工程预付款的预付时间应不迟于双方约定的开工日期。甲方不按约定预付，乙方在超过约定预付时间后向甲方发出要求预付的通知，甲方收到通知后仍不能按要求预付，乙方可停止施工，甲方应从约定应付之日起向乙方支付应付款的贷款利息，并承担违约责任。

9 工程量的确认

9.1 乙方应该按照约定时间向甲方提交已完工程量的报告。工程监理在接到报告约定时间内按设计（图纸）计量已完工程量，并在计量前通知乙方，乙方为计量提供便利条件并派人参加。乙方收到通知后不参加计量，计量结果有效，并作为工程价款支付的依据。

9.2 甲方收到乙方报告约定时间内未进行计量，乙方报告中开列的工程量即视为被确认，作为工程价款支付的依据。工程监理不按约定时间通知乙方，使乙方不能参加计量，则工程监理此时计量结果无效。

9.3 对乙方超出工程设计范围和因乙方原因造成返工的工程量，甲方不予计量和认可。

10 工程款（进度款）支付

10.1 在确认计量结果后约定时间内，甲方向乙方支付工程款（进度款）。按合同约定时间应扣回的预付款，与工程款（进度款）同期结算。

10.2 甲方超过约定的支付时间不支付工程款（进度款），乙方可以向甲方发出要求付款通知，甲方收到乙方通知后仍不按要求付款，双方应协商签订延期付款协议，乙方同意后可延期支付。协议须明确延期支付的时间和应付款的贷款利息。

10.3 甲方不按合同约定支付工程款（进度款），双方又未达成延期付款协议，导致施工无法进行，乙方可以停止施工，并由甲方承担违约责任。

11 甲方供应的设备材料

11.1 甲方供应的设备材料，应在双方约定的招标人供应设备材料一览表中列明品种、名称、规格、型号、数量、质量等级、提供时间和地点等并作为合同附件。

11.2 甲方对其供应的设备材料的品种、数量、质量、提供时间负责，材料使用前由约定的一方进行检验、试验，相应费用由甲方承担，甲方在所供应材料设备到货前约定时间内，以书面形式通知乙方，由乙方与甲方共同清点。

11.3 双方派人清点后由乙方妥善保管，甲方支付相应的保管费用；因乙方原因发生丢失、损坏，由乙方赔偿。甲方未通知乙方清点，乙方不负责材料设备的保管，丢失损坏由甲方负责。

11.4 从甲方交付设备材料指定地点至施工现场的运杂费和现场保管费用等，由乙方自行测算计入报价。

11.5 甲方供应的设备材料与一览表不符时，甲方承担有关责任：

11.5.1 材料设备的品种、规格、型号、质量等级与一览表不符，乙方有权拒绝接收保管，由甲方负责运出施工场地并重新采购或经工程监理同意后，乙方可以代为调剂串换，相应费用甲方承担。

11.5.2 到货地点与一览表不符，由甲方负责运至一览表指定的地点或由乙方运输，甲方承担相应费用。

11.5.3 供应的数量多于一览表中约定的数量，甲方负责将多出的部分运出施工场地，承担相应的费用；不足一览表中的数量，甲方补足。

11.5.4 到货时间早于一览表中约定的时间，甲方承担因此发生的保管费用；到货时间迟于一览表中约定的供应时间，甲方赔偿由此造成的乙方损失，由此引起工期延误的，相应顺延工期。

11.6 甲方供应设备材料的结算方法，双方应在有关合同条款中约定。

12 乙方采购的设备材料

12.1 乙方负责采购的设备材料应按照设计和有关标准要求采购，并提供产品合格证明，对设备材料质量负责。乙方在到货前规定时间内通知工程监理清点。

12.2 乙方采购的设备材料不符合设计或标准要求时，乙方应按工程监理要求的时间运出施工场地，并重新采购符合要求的产品。承担由此发生的费用，由此延误的工期不予顺延。

12.3 乙方采购的设备材料使用前应按工程监理的要求进行检验或试验，不合格的不得使用，检验或试验的费用由乙方承担。

12.4 乙方使用代用材料时，应经工程监理同意，由此增减的合同价款双方以书面形式议定。

12.5 工程监理发现乙方采购并使用不符合设计和标准要求的设备材料时，应要求乙方负责修复、拆除或重新采购，由乙方承担发生的费用，由此延误的工期不予顺延。

13 工程量变化的单价调整

13.1 乙方的报价应充分考虑各种风险，不得因工程实施期间的人工、材料和机械等价格的变化（包括政策性调整文件及其他有关规定）而调整。

13.2 除非有下列特殊情况可按如下约定调整单价：

13.2.1 如果工程量清单中的某一清单项目实际完成的工程量与工程量清单中的工程量误差在甲乙双方约定范围以内，此项综合单价不做调整，工程结算时按实际完成的合格工程量和原综合单价结算。

13.2.2 如果工程量增多或减少时，甲乙双方共同协商适当降低或提高该项工程综合单价。

14 工程（设计）变更

14.1 施工中甲方需对原设计进行变更，应提前以书面形式通知乙方。乙方按照工程监理发出的变更通知及有关要求进行以下变更：

14.1.1 变更工程有关部分的施工方式、钻井井身结构、井眼尺寸等；

14.1.2 增减合同中约定的工程量；

14.1.3 改变有关工程的施工时间和顺序；

14.1.4 改变工程所用材料质量标准；

14.1.5 改变工程质量标准；

14.1.6 其他有关工程变更需要的附加工作。

14.2 因变更导致合同价款的增减及造成的乙方损失，由甲方承担，延误的工期相应顺延。

14.3 施工中乙方不得对原工程设计进行变更，因乙方擅自变更设计发生的费用和由此导致甲方的损失，由乙方承担，延误的工期不予顺延。

14.4 乙方在施工中提出的合理化建议及对材料设备的换用，须经工程监理同意。未经甲方同意而更改或使用时，乙方承担由此发生的费用，并赔偿甲方的有关损失，延误的工期不予顺延。工程监理同意采用乙方的合理化建议，发生的费用和获得的收益，双方另行约定分担或分享。

14.5 合同履行中甲方要求变更工程质量标准以及发生其他实质性变更，由双方协商解决。

15 变更工程单价及价款的确定

15.1 工程监理下达工程变更指令后，乙方应于接到变更令后的规定时间内向工程监理提交一份有关变更工程价款、工期的变更报告。如果乙方未在规定的时间内提交变更报告，则被认为乙方自动放弃对变更价款和工期的要求。

15.2 变更工程单价及价款的确定。

15.2.1 单项报价表中或合同中已有适用于变更工程的单价或价格，按单项报价表中或合同中的单价或价格变更工程价款。

15.2.2 单项报价表中或合同中只有类似于变更工程的单价或价格，可以参照此价格确定变更工程价款。

15.2.3 单项报价表中或合同中没有适用或类似于变更工程的单价或价格，由乙方提出适当的变更工程价格，经工程监理确认后执行。

15.3 乙方在双方确定变更后的约定时间内不向工程监理提出变更工程价款的报告，视为该项变更不涉及合同价款的变更。

15.4 工程监理应在收到变更工程价款报告后的约定时间内予以确认，工程监理无正当理由不确认时，到变更工程价款报告后的约定时间内视为变更工程价款报告已被确认。

15.5 工程监理不同意乙方提出的变更价款，按合同有关争议约定处理。

15.6 工程监理确认增加的工程变更价款作为追加合同价款，与工程款同期支付。

15.7 因乙方自身原因导致的工程变更，乙方无权要求追加合同价款。

16 合同价款调整

16.1 如果由于第13、15条款原因导致工程最终结算价款超过合同价（不含甲方供应设备材料和新增项目）在合同中约定的数额，则只对超出合同中约定的数额的部分价款进行调增或调减，但其他费用不做调整。

17 索赔

17.1 当一方向另一方提出索赔时，要有正当索赔理由，且有索赔事件发生时的有效证据。

17.2 甲方未能按合同约定履行自己的各项义务或发生错误以及应由甲方承担责任的其

他情况，造成工期延误和（或）乙方不能及时得到合同价款及乙方的其他经济损失，乙方可以按下列程序以书面形式向甲方索赔：

17.2.1 索赔事件发生约定时间内，向工程监理发出索赔意向通知。

17.2.2 发出索赔意向通知约定时间内，向工程监理提出延长工期和（或）补偿经济损失的索赔报告及有关资料。

17.2.3 工程监理在收到乙方送交的索赔报告和有关资料后的约定时间内给予答复，或要求乙方进一步补充索赔理由和证据，并报甲方批准。

17.2.4 工程监理在收到乙方送交的索赔报告和有关资料后的约定时间内未予答复或未对乙方作进一步要求，视为该索赔已经认可。

17.2.5 当该索赔事件持续进行时，乙方应认真做好事件的同期记录，随时供工程监理查阅，并应阶段性地向甲方发出索赔意向，在索赔事件结束后，向甲方送交索赔的有关资料和最终的索赔报告。

17.2.6 如果乙方对工程监理的答复有疑义，可在收到工程监理答复后的约定时间内书面通知工程监理。如果在收到工程监理答复的约定时间内没有发出上述通知，则被认为乙方同意了工程监理的决定，并且该决定对其有最终约束力。

17.2.7 如果乙方在规定的时间内未能提出索赔通知及索赔书或工程监理要求索赔应有的有关证据，则乙方即丧失索赔权。

17.3 乙方未能按合同约定履行自己的各项义务或发生错误，给甲方造成经济损失，甲方可按 17.2 款规定的时限程序向乙方提出索赔。

18 竣工结算

18.1 乙方在工程竣工验收报告被批准（认可）后的约定时间内向甲方递交竣工结算报告和完整结算资料，双方按照协议书约定的合同价款及专用条款约定的合同价款调整内容，进行工程竣工结算。

18.2 甲方收到竣工结算报告及结算资料后的约定时间内进行核实给予确认或提出修改意见。甲方确认工程竣工结算报告后，通知经办银行向乙方支付工程竣工结算价款。

18.3 甲方收到竣工结算报告及结算资料后的约定时间内无故不支付工程竣工结算款，从超过约定时间起按乙方同期向银行贷款利率支付拖欠工程价款的利息，并承担违约责任。

18.4 甲乙双方对工程竣工结算价款发生争议，按有关争议的约定条款处理。

19 不可抗力

19.1 不可抗力事件发生后，乙方应立即通知工程监理，并采取措施减少损失。不可抗力事件结束后，乙方应向工程监理通报受害、损失情况和预计清理、修复的费用。

19.2 不可抗力事件持续发生时，乙方应每隔一定时间向工程监理报告一次受害情况。不可抗力事件结束后，乙方应向工程监理提交清理和修复费用的正式报告及有关资料。

19.3 因不可抗力事件导致的费用及延误的工期双方按以下分担：

19.3.1 工程本身的损害、因工程损害导致第三方人员伤害和财产损失以及运至施工场地用于施工的材料和待安装的设备损坏，由甲方承担；

19.3.2 甲乙双方人员的伤亡各自负责，承担相应费用；

19.3.3 乙方的机械设备损坏及停工损失，乙方自己承担；

19.3.4 停工期间按工程监理的要求，乙方留在工地的管理、保卫人员费用由甲方承担；

19.3.5 工程清理、修复费用由甲方承担；

19.3.6 延误的工期相应顺延。

19.4 因合同一方迟延履行合同后发生不可抗力的，不能免除迟延履行合同方的相应责任。

20 工程保留金

20.1 工程保留金的比例为乙方工程进度款的百分比或双方约定的数额，工程保留金的限额为合同价的百分比或双方约定的数额。

21 履约保函

21.1 履约保函金额为中标合同价的百分比或双方约定的数额。

参 考 文 献

[1] 中华人民共和国建设部. GB 50500—2003 建设工程工程量清单计价规范. 北京：中国计划出版社，2003
[2] 李自林. 石油建设工程量清单招标规则（A 版）. 北京：石油工业出版社，2002
[3] 郭婧娟主编. 工程造价管理. 北京：清华大学出版社，北京交通大学出版社，2005
[4] 《石油勘探工程与工程造价》编委会. 石油勘探工程与工程造价——概论. 北京：中国广播电视出版社，2005
[5] 《石油勘探工程与工程造价》编委会. 石油勘探工程与工程造价——钻井工程与工程造价. 北京：中国广播电视出版社，2005
[6] 《石油勘探工程与工程造价》编委会. 石油勘探工程与工程造价——测井工程与工程造价. 北京：中国广播电视出版社，2005
[7] 《石油勘探工程与工程造价》编委会. 石油勘探工程与工程造价——录井工程与工程造价. 北京：中国广播电视出版社，2005
[8] 《石油勘探工程与工程造价》编委会. 石油勘探工程与工程造价——试油工程与工程造价. 北京：中国广播电视出版社，2005
[9] 《油气勘探工程定额与造价管理》编写组. 油气勘探工程定额与造价管理. 北京：石油工业出版社，1999
[10] 黄伟和. 国际石油钻井市场计价模式分析. 石油工程造价管理，2006，9（4）：11～16
[11] ［美］M. J. 埃克诺米德斯，L. T. 沃特斯，S. 邓恩—诺曼编著，万仁溥，张琪编译. 油井建井工程——钻井·油井完井. 北京：石油工业出版社，2001
[12] 黄伟和，郭正，魏伶华. 浅谈钻井系统工程造价指标体系. 天然气工业，2004，（增刊 A）：102～104
[13] J. Bush, D. Johnston 著，王国梁等译. 国际石油公司财务管理（International Oil Company Financial Management）. 北京：石油工业出版社，2000
[14] 于文平. 国际钻井成本的测算. 石油钻探技术，1998，26（3）：47～49
[15] 查金才，金士良. 鼓励性钻井承包. 世界石油工业，1998，9（8）：27～33